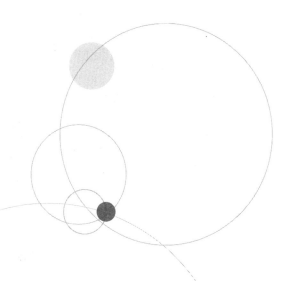

新/时/代

高校学生社团建设探索

周昀/主编

U0330425

 中山大学出版社
SUN YAT-SEN UNIVERSITY PRESS

·广州·

图书在版编目（CIP）数据

新时代高校学生社团建设探索/周昀主编 . —广州：中山大学出版社，2021. 10

　　ISBN 978 - 7 - 306 - 07340 - 2

　　Ⅰ. ①新…　Ⅱ. ①周…　Ⅲ. ①大学生—社会团体—研究—中国　Ⅳ. ①G645. 57

中国版本图书馆 CIP 数据核字（2021）第 201139 号

出　版　人：王天琪
策划编辑：赵　婷
责任编辑：赵　婷
封面设计：曾　婷
责任校对：廖丽玲
责任技编：靳晓虹
出版发行：中山大学出版社
电　　话：编辑部 020 - 84110283，84113349，84111997，84110779，
　　　　　 84110776
　　　　　 发行部 020 - 84111998，84111981，84111160
地　　址：广州市新港西路 135 号
邮　　编：510275　　传　　真：020 - 84036565
网　　址：http：//www. zsup. com. cn　E-mail：zdcbs@ mail. sysu. edu. cn
印　刷　者：佛山市浩文彩色印刷有限公司
规　　格：880mm×1230mm　1/32　9.5 印张　206 千字
版次印次：2021 年 10 月第 1 版　2021 年 10 月第 1 次印刷
定　　价：30. 00 元

编　委　会

主　编　周　昀

成　员　钟一彪　陈　彪　曲　翔
　　　　李　燕　仇亚宾　郑嘉茵
　　　　潘小滴　何金鹏　雷世菁

前　言

2018 年 5 月 2 日，习近平总书记在北京大学师生座谈会上指出："要把立德树人内化到大学建设和管理各领域、各方面、各环节，做到以树人为核心，以立德为根本。"高校加强学生社团建设和管理，就是要牢记立德树人初心和为党育人、为国育才使命，培养德智体美劳全面发展的社会主义建设者和接班人。

在新时代高校学生社团建设和管理实践中，我们要始终坚持党对学生社团工作的全面领导，坚持马克思主义的指导地位，从理念革新、功能升级、动力转换等方面入手，推动高校学生社团迭代升级。学生社团既是高校思想政治教育的对象，又是开展学生思想政治教育的重要载体。高校建设学生社团要做好顶层设计，在思想性、学术性、发展性、服务性等方面有针对性地发挥主导作用。学生社团建设目标只有与"立德树人"根本任务高度契合，才能发挥育人作用，形成思想政治教育工作合力。推动学生社团内涵建设，要以大学生的成长发展与学生社团育人供给匹配为切入点，明确不同类型的学生社团的发展定位，充分挖掘其育人功能。

加强高校学生社团管理，不能脱离学生的特点和社团的实际。面对大学生朝气蓬勃、思想活跃的特点，以及学生社团成员流动性较大、轮转较快等情况，一方面要让制度成为"硬约束"，另一方面还要培育凝聚青年并代代相传的社团文化"软实力"。通过完善管理制度、优化资源配置、压实管理责任、加强指导教师队伍建设、营造积极向上的文化氛围，全方位地提升学生社团制度化、专业化和规范化水平。

近年来，中山大学深入贯彻落实习近平新时代中国特色社会主义思想，坚持党对学生社团工作的全面领导，以德智体美劳全面发展的社会主义建设者和接班人为人才培养目标和"学在中大、追求卓越"优良校风学风为引领，以服务第一课堂为目标，对学生社团主动布局、主动建设、主动发展，取得了良好的成效。本书是新时代高校学生社团建设探索的理论和实践成果，希望为高校人才培养和第二课堂建设提供一些参考和借鉴。

目　录

上编　理论探索

下编　工作实务

附录　高校学生社团工作的相关政策文件选编

上编　理论探索

新时代高校学生社团建设探索

钟一彪

[摘　要] 在中国特色社会主义新时代，应从战略和全局高度把握高校学生社团建设的政治内涵和精神实质，推动学生社团的迭代升级。首先，应坚持党对学生社团的全面领导，落实立德树人根本任务，通过聚焦人才培养目标、结合专业学科建设、实现育人资源整合，举全校之力办好学生社团。其次，要从强化政治导向功能、优化实践育人功能、消减泛娱乐化倾向着手，促成学生社团的功能升级。最后，要从落实指导单位主体责任、提升学生骨干政治站位、激发指导教师内生动能、细化社团活动流程管理等方面介入，形成"三全育人"合力。

[关键词] 新时代　立德树人　人才培养　高校学生社团

高校学生社团是高校在办学过程中结合专业学科和校园文化实际而形成，大学生自愿参与其中，开展群众性学术、文化、艺术、体育、志愿服务等活动的团体。高校学生社团作为深受大学生欢迎的活动平台和教育载体，在落实立德树人根本任务和促进大学生成长成才中发挥着特殊、重要的作用。随着中国特色社会主义进入新时代，高等教育必然需要有新时代的内涵，必须从立德树人及培养社会主义建设者和接班人的高度，全面把握新时代高校学生社团建设的政治内涵和精神实质，从理念革新、功能升级、动力转换等方面入手，推动高校学生社团的迭代升级。

一、理念革新：从学生主体到学校主动

时代是思想之母，实践是理论之源。思想理论会对人们的行为方式产生指导作用，一个人有什么样的思想观念，就会有与之相应的行动。习近平总书记关于教育的重要论述，特别是他在全国教育大会上提出的"九个坚持"，是坚持中国特色社会主义教育发展道路的核心实质、丰富内涵和重要体现，形成了办好中国特色社会主义教育事业必须始终坚持的"九个原则"。[1]习近平总书记对教育工作作出的全面部署，为新时代高校学生社团建设提供了基本遵循。习近平总书记关于教育的重要论述启示我们，应该改变传统上由学生建社团的工作思路，从立德树人、人才培养的高度拓展高校学生社团的功能定位和文化内涵，高校主动布局、主动建设、主动作为，结合专业学科开展学生社团建设，努力促成育人资源的有效整合，落实立德树人根本任务。

（一）围绕人才培养目标

教育是培养人的活动，立德树人的成效是检验学校一切工作的根本标准。人才培养目标，说到底就是"培养什么人、

怎样培养人、为谁培养人"这个根本问题，这是教育本质最集中、最鲜明的体现。我国是中国共产党领导的社会主义国家，这就决定了我们的教育必须把培养德智体美劳全面发展的社会主义建设者和接班人作为根本任务，培养一代又一代拥护中国共产党领导和我国社会主义制度、立志为中国特色社会主义奋斗终生的有用人才。加强党对教育工作的全面领导，是办好教育的根本保障。高校学生社团是校园文化建设的重要阵地，必须服从和服务于人才培养工作。因而，高校学生社团的各项工作应全面贯彻落实党的教育方针，紧密围绕人才培养目标开展活动。也就是说，高校学生社团工作要以立德树人为引领，推动大学生坚定理想信念、厚植爱国主义情怀、加强品德修养、增长知识见识、培养奋斗精神、增强综合素质，从而培养担当民族复兴大任的时代新人。

（二）结合专业学科建设

大学生是"未来实现中华民族伟大复兴中国梦的主力军"，我们应努力把这支主力军打造成"中华民族'梦之队'"。[2]人才培养质量是高校的生存命脉，打造中华民族"梦之队"，对高校而言就是要培养出一流人才，而一流的学生培养有赖于"一流专业"作为基础，"一流专业"则需要有"一流学科"作为支撑。当前，我国正大力推进"一流大学"和"一流学科"建设。专业发展和学科建设需要动员方方面面的力量，需要整合高校各个层面的资源，这其中自然包括了第一课堂与第二课堂。作为第二课堂重要载体的学生社团，如能围绕专业和学科开展实习实践活动，必将有利于促成第二课堂与第一课堂的有机融合，有利于大学生把学到的理论和知识应用到实践当中，从而形成学以致用、知行合一的良好氛围，进而涵养学生的创新创业精神和开拓进取意识。

（三）实现育人资源整合

育人资源是指在人才培养、教育教学过程中所占用、使用和消耗的人力、物力、财力等资源。伴随着社会发展和生产实践的深入，人们对教育资源的认识不断深化，教育资源本身的内涵也在不断拓展。2019 年 3 月 18 日，习近平总书记在学校思想政治理论课教师座谈会上强调，要建立党委统一领导、党政齐抓共管、有关部门各司其职、全社会协同配合开展立德树人、人才培养的工作格局。从现实情况看，尽管大多数高校都非常重视学生社团的建设，但在资源投入方面还比较分散，没有实现对育人资源的有效整合。因此，有必要进行资源重组，把较为分散的人力、物力和财力，以立德树人为标准进行重置，全面提升学生社团的育人能力。在育人资源的配置方面，一是要重视人力资源的有效供给，特别是要为学生社团配置政治素质高、业务能力强的指导教师；二是在资金支持方面要予以保障，重点支持学生社团开展的学术、科技、思想政治教育、创新创业等育人活动，同时要对校外资金流入学生社团进行有效监管；三是在场地资源方面，既要保证与学生社团相关的育人活动有场地使用，也要防范校内场地被滥用，甚至成为错误思想的传播场所。总之，在资源配置方面，高校要遵循

"围绕学生、关照学生、服务学生"原则，统筹好人力资源、物力资源和财力资源，为学生社团开展育人活动提供有力支撑。

二、功能升级：从趣缘型组织到学习型组织

"人的本质不是单个人所固有的抽象物，在其现实性上，它是一切社会关系的总和。"[3] 从社会学角度看，高校学生社团是趣缘型组织，学生们基于兴趣、爱好、志向等相同或相近而参与其中。为落实立德树人根本任务，高校学生社团应实现从趣缘型组织到学习型组织的升华，强化学生社团的政治导向，优化学生社团的实践育人功能，消解学生社团的泛娱乐化倾向。

（一）强化政治导向功能

中国共产党历来是着眼于党和国家事业发展的全局，从国之大计、党之大计的高度领导教育的。把培养社会主义建设者和接班人确立为我国教育的根本任务，是由我国是中国共产党领导的社会主义国家这一属性决定的，是从当代中国实际出发作出的决策。[4] 习近平总书记关于教育的重要论述，指引我们必须把坚持正确的政治方向放在第一位，必须从党和国家事业发展全局的高度来研究教育、办好教育。高校学生社团尽管是学生自愿加入的群众性组织，但其作为立德树人的重要平台和载体，必须坚持正确的政治方向，引领参与其中的大学生听党话、跟党走。强化学生社团的政治导向功能，既要把好学生社

团的准入关、年审关和日常活动审核关，也要注意做好"关键少数"的工作，对学生社团指导教师和学生骨干的政治把关要严，要做细做实师生日常思想政治工作。在条件具备的学生社团，还要重视功能型党组织和团组织建设，把党支部和团支部建在学生社团上，通过党建引领和先锋示范，牢牢把握党对学生社团意识形态工作的主导权和主动权。

（二）优化实践育人功能

学生社团是大学生立足校内开展实践活动的重要平台，为实践育人提供了很好的途径。从历史角度看，高校学生社团曾涌现出一系列实践育人的精品项目，培养了一批又一批优秀人才。随着党和国家对人才培养要求的进一步提高，高校学生社团应该与时俱进地优化实践育人功能。首先，在工作目标上，高校学生社团开展的实践育人活动要有利于大学生牢固树立"四个意识"、坚定"四个自信"，引导学生坚决做到"两个维护"，成长为德智体美劳全面发展的社会主义建设者和接班人。其次，在服务对象上，高校学生社团开展的实践育人活动要坚持"四个服务"，即为人民服务、为中国共产党治国理政服务、为巩固和发展中国特色社会主义制度服务、为改革开放和社会主义现代化建设服务。最后，在活动内容上，高校学生社团开展实践育人活动要紧密围绕立德树人根本任务，引领学生正确认识世界和中国发展大势、中国特色和国际比较、时代责任和历史使命、远大抱负和脚踏实地。

（三）消解泛娱乐化倾向

泛娱乐化是以消费主义、享乐主义为核心，以新兴媒介为主要载体，以浅薄空洞的内容及戏谑搞笑的方式，吸引人们眼球、获得他人注意的一种文化现象。高校学生社团的泛娱乐化倾向，就是以娱乐化的心态和方式来运作学生社团，使得学生社团活动的形式和内容走向随意、浅薄、空洞，整个学生社团缺乏朝气和正气，甚至充斥着庸俗之气，与高校立德树人的文化氛围格格不入。为消解高校学生社团的泛娱乐化倾向，应结合学校学科和专业建设，从大类统筹的角度加强高校学生社团管理，把学生社团按开展活动的内容分为学术类学生社团、思想类学生社团、体育类学生社团、文化艺术类学生社团、公益志愿服务类学生社团等若干大类，重点支持强化学术类学生社团的发展，规范思想类学生社团的活动，优化体育类学生社团的内容，提升文化艺术类学生社团的格调，明确公益志愿服务类学生社团的方向，使得各类型学生社团的活动与学科建设和人才培养有机结合起来，创品牌、提品质，发挥学生社团的"以文化人"功能，强化学生社团在立德树人、促进学生全面发展中的功能和作用。

三、动力转换：从学生自发到"三全育人"

党的十九大以来，聚焦实现全员全过程全方位育人，教育部启动"三全育人"综合改革试点，大力推动理论创新和实践探索。其中，"全员育人"要求全体教职员工都要成为"育人者",其一言一行、一举一动都要履行育人之责、产生育人之效,实现育人无不尽责。"全程育人"要求将立德树人贯穿高校教育教学全过程和学生成长成才全过程,实现育人无时不有。"全方位育人"要求将立德树人覆盖到课上课下、网上网下、校内校外,实现育人无处不在。[5]由此可见,高校学生社团也要注意改变学生自动自发的惯性,以"三全育人"为导向,实现学生社团发展的动力转换。

(一)落实指导单位主体责任

高校学生社团指导单位是指对学生社团负有业务指导和行政管理职权的单位或部门,对学生社团负有直接的管理、指导和服务责任。如上所述,发挥高校学生社团立德树人的作用,应把学生社团纳入学校党建工作的总体布局中,纳入人才培养的整体规划,把学生社团作为第二课堂建设的重要阵地进行建设。在此过程中,要促成学生社团指导单位担负起意识形态工作的主体责任。"学校办社团"不等于学校学工部门或团委直接管辖学生社团,而是要考虑把不同类型的学生社团和与之相应的专业学科、院系对接起来,这样才能更好地服务人才培养、促成学生成长成才。因此,学生社团指导单位要落实好意识形态管理责任,并把学生社团的建设与本单位的人才培养工作紧密结合起来,做好学生社团的活动规划和日常管理服务工作,真正担负起学生社团的指导责任,推动学生社团发挥在人才培养和立德树人方面的作用。

（二）提升学生骨干政治站位

青年是国家的未来，也是世界的未来。把青年一代培养造就成德智体美劳全面发展的社会主义建设者和接班人，是事关党和国家前途命运的重大战略任务，是全党的共同政治责任。高校学生社团是学生乐于参与的组织平台，是提升大学生综合素养的重要载体。在这其中，学生骨干起着引领和示范作用，提升他们的政治站位是学生社团建设的重中之重。一是要注重平时，做好学生社团骨干的培育培养工作。培育培养工作是"润物细无声"的功夫，需要学生社团指导单位和指导教师在平时多关心、关注，深入细致地与学生社团骨干接触和交流，结合具体工作对学生社团骨干进行指导，为学生社团骨干的实践锻炼提供保障和方向引领。二是要立足经常，开展学习培训活动。学习培训是提升学生思想认识水平的有效途径，在学生社团建设过程中，应该把学生社团骨干的学习培训活动经常化、机制化，引入优秀的师资、有效的学习培训方法，推动学习培训出实效。三是要融入日常，开展创先争优工程。除了培育培养和学习培训外，更要在日常工作中发挥学生的先锋模范作用，营造良好的育人氛围，通过具体的人和事，特别是身边的人和事来教育引导学生社团骨干，不断提升他们的思想水平、品德素养和政治觉悟。

（三）激发指导教师内生动力

办好高校学生社团，既要发挥学生的主体作用，也要发挥指导教师的引领作用，用优秀的人培养更优秀的人。实践证明，仅仅依靠外部激励来调动教师参与学生社团指导的积极性是不够的，还要建立起激发教师主动参与指导学生社团的积极性和创造性。首先，应该大力倡导第二课堂与第一课堂的融合，把学生社团作为第二课堂的重要载体，结合学科和专业来建设社团，提升学生社团的学术含量，使得教师能够在指导学生社团活动的过程中获得灵感，激发教师专业成长的动力，形成教学相长的格局。其次，要推动学生社团活动与科研育人相融合，使指导教师能够结合自身研究志趣参与到学生社团活动当中，在指导学生社团建设的同时，拓展学术科研和教育教学的场域和范围，吸纳更多学生参与学术科研活动，育人育己，实现教师与学生的双向成长。此外，兴趣是最好的老师，在选聘学生社团指导教师时，要考虑那些有特长的教师，让他们把自身的兴趣爱好与相关学生社团的活动匹配起来，让教师乐于参与学生社团活动，有获得感和成长感，从而在更大层面上调动教师指导学生社团的积极性。

（四）细化社团活动流程管理

"天下难事必作于易，天下大事必作于细。"细节决定成败，天下所有的难事都是由简单的小事发展而来的，天下所有的大事都是从细微的小事做起来的。要想成就一番事业，就得从简单的小事做起，从细节入手。办好学生社团，要在做好体系建构和制度设计的基础上，做实做细学生社团的流程管理，促成学生社团的活动有制度依据，有工作流程，有活动记录，有育人成效。第一，要按制度做好学生社团的成立和年审工作。只有经过论证，在符合社团成立条件的基础上，才能组建学生社团。学生社团成立后也不是一劳永逸的，每年还需定期开展年审工作，清理"僵尸社团"和不合格的社团，并对优秀的学生社团进行表彰。第二，要按流程做好学生社团的活动审批工作，把好学生社团的意识形态和政治安全关，使学生社团活动在正确的轨道上运行，真正发挥立德树人的作用。第三，要做好学生社团的阵地建设和管理工作，包括学生社团的活动场所建设和管理、学生社团的宣传平台建设和管理，特别是要加强学生社团的新媒体平台建设与管理，把这些工作纳入制度化的管理体系。同时，通过指导教师的把关，使学生社团有序运行、良性发展，真正服务学生成长成才。

参考文献

［1］教育部课题组．深入学习习近平关于教育的重要论述［M］.北京：人民出版社，2019：3.

［2］习近平．做党和人民满意的好老师：同北京师范大学师生代表座谈时的讲话［N］.人民日报，2014－09－10.

［3］中共中央马克思恩格斯列宁斯大林著作编译局．马克思恩格斯选集 1［M］.北京：人民出版社，2012：135.

［4］田心铭．教育的"首要问题"和我国教育的"根本任务"［J］.红旗文稿，2018（19）：5.

［5］熊晓梅．坚持立德树人 实现"三全育人"［N］.光明日报，2019－02－14.

新时代高校思想政治类学生社团的功能及其实现

周　昀

[摘　要] 思想政治类学生社团是学生社团的一个重要类型，是加强和改进大学生思想政治教育的重要抓手。坚持落实立德树人根本任务，充分发挥思想政治类学生社团的政治导向功能、精神激励功能和实践育人功能等，把学习习近平新时代中国特色社会主义思想作为这类社团的根本任务，通过强化党对学生社团的全面领导，依托马克思主义的专业力量，将思想政治类学生社团开展的第二课堂学习教育活动与高校思想政治理论课的第一课堂教学有机融合，让广大学生以更轻松活泼的方式学会运用马克思主义立场、观点和方法来观察和解决问题，从拓展育人资源、深化师生联动和打造精品项目等方面入手，促进思想政治类学生社团的建设发展。

[关键词] 新时代　思想政治　学生社团　功能实现

2017 年 10 月，党的十九大庄严宣布"中国特色社会主义进入了新时代"，明确提出了 2050 年"把我国建成富强民主文明和谐美丽的社会主义现代化强国"的总目标。2018 年 9 月，中共中央召开新时代第一次全国教育大会，开启了加快教育现代化、建设教育强国、办好人民满意教育的新征程。2018 年秋，第一批"00 后"学生进入大学校园。他们的人生成长黄金期将与"两个一百年"奋斗目标征程高度重合，他们将亲自见证并参与我国从富起来到强起来的伟大飞跃，见证中华民族伟大复兴中国梦的实现。

习近平总书记指出，青少年阶段是人生的"拔节孕穗期"，最需要精心引导和栽培。着眼"00 后"，培养一代又一代拥护中国共产党领导和我国社会主义制度、立志为中国特色社会主义事业奋斗终生的有用人才，高校落实立德树人根本任务，不仅要发挥第一课堂的主渠道作用，还要重视第二课堂阵地建设。学生社团是深受大学生欢迎的第二课堂教育载体和活动平台。在新时代高等教育内涵发展的背景下，高校建设管理学生社团需要全面认识和把握学生社团建设管理的政治内涵和精神实质。引导大学生扣好人生第一粒扣子，必须重视思想政治类学生社团，充分认识其独特的育人功能。

一、思想政治类学生社团功能定位再认识

新时代高等教育的内涵式发展，决定了新时代的高校学生社团建设必须迭代升级。大学期间是青年价值观形成并逐步稳定的关键时期。高校学生社团建设服从和服务于人才培养工作，就必须全面贯彻落实党的教育方针，以立德树人为引领，推动大学生坚定理想信念、厚植爱国主义情怀、加强品德修

养、增长知识见识、培养奋斗精神、增强综合素质。思想政治类学生社团是高校对大学生进行马克思列宁主义基本理论、党的基本路线和形势政策教育的重要渠道，是引导大学生践行社会主义核心价值观的积极力量，是推进科学理论"三进"工作的有效途径，对高校实施在大学生中培养一批年轻的马克思主义者具有积极的促进作用。[1]

（一）政治导向功能

要培养担当民族复兴大任的时代新人，培养德智体美劳全面发展的社会主义建设者和接班人，高校学生社团必须牢固树立阵地意识，坚持"为人民服务、为中国共产党治国理政服务、为巩固和发展中国特色社会主义制度服务、为改革开放和社会主义现代化建设服务"的"四为服务"[2]导向。思想政治类学生社团不同于其他兴趣类学生社团，在思想启迪、价值引领和道德涵养等方面具有更直接的作用。思想政治类学生社团的特殊性决定了社团活动内容不仅要有理论性和知识性，更要突出其思想引导和价值引领作用，运用启发、动员、教育等方式，活跃大学生的思想，开阔他们的视野，使大学生更加清晰地认识党的初心和使命，更清楚自身的责任与义务，明晰只有在党的带领下才能实现个人的报国梦。

（二）精神激励功能

思想政治类学生社团成员多关心时政新闻、爱好阅读经典原著，有着较高的理想抱负，因理想、信念和志向大致相同而组织在一起。他们在社团指导教师的教育引导下、在形式多样的交流互动中，通过自我体验、自我分析评价和自我激励等活动，达到提高思想品德、提升思想境界、改变个人言行等效果。社团成员间的相互学习和积极的情感体验，激发了大学生将社会主义核心价值观内化于心，实现从知识到信念、由观念向实践的转化。思想政治类学生社团通过内部群体行动规范的约束，对社团成员的态度、行为的激励和改造作用，是课堂、班级、宿舍等其他学生组织和场所所不能完全实现的。

（三）实践育人功能

人的正确思想是从实践中来的。学生社团活动是大学生在第二课堂开展实践活动的重要平台，对拓展学生眼界和能力、充实学生社会体验和丰富学生生活十分有益。思想政治类学生社团组织富有以爱国主义为核心的民族精神和以改革创新为核心的时代精神的形式多样的实践活动，如广泛的社会调查、红色教育基地走访、志愿服务等，发挥实践养成优势，为高校思想政治理论课提供了很好的实践育人途径。通过这些深入、系统、精心策划组织的实践活动，大学生可以将所学所思与实际问题进行对照、印证和比较，不断在实践中，从知其然的感性认知提升为知其所以然的理性认知。

二、思想政治类学生社团工作重点再强化

面对世界范围内各种思想文化更加频繁地交流、交融和交锋，以及新时代大学生思想行为独立性、选择性、多样性的明

显增强，高校要引导学生听党话、跟党走，必须更自觉地用马克思主义指导学生社团建设，用习近平新时代中国特色社会主义思想铸魂育人，在社团活动中融入社会主义核心价值观。这既是高校思想政治教育的需要，也是新时期加强学生社团建设的需要。习近平总书记关于立德树人的一系列重要论述，为新时代高校人才培养工作指明了方向、提供了根本遵循，也是高校学生社团建设的指导思想和行动指南。要充分发挥思想政治类学生社团的育人功能，需要有效引导社团成员的思想行为，提高社团及社团成员的政治素质，把社团的宗旨、理念和目标引导到符合时代发展要求的正确方向。

（一）坚持党对学生社团的全面领导

加强党对教育工作的全面领导，是办好教育的根本保障。高校思想政治类学生社团应坚守党的意识形态，全面贯彻落实党的教育方针。首先，要以马克思主义理论为指导，通过学生喜闻乐见的方式，把学习、宣传习近平新时代中国特色社会主义思想作为思想政治类学生社团的根本任务。其次，必须坚持正确的政治方向，既要把好思想政治类学生社团的准入关、年审关和日常活动审核关，也要注意做好"关键少数"的工作，对学生社团指导教师和学生骨干的政治把关要严，要做细做实师生日常思想政治工作。最后，具备条件的学生社团，还要重视功能型党组织和团组织建设，把党支部和团支部建在学生社团上，通过党建引领和先锋示范，牢牢把握党对学生社团意识形态工作的主导权和主动权。[3]

（二）依托马克思主义专业力量

面对新形势新任务，提高思想政治类学生社团育人能力和水平，一是要始终坚持以马克思主义为指导，紧紧围绕思想政治类学生社团建设目标，汲取马克思主义的理论给养，突出时代特色，准确把握思想政治类学生社团的建设方向、内容和具体任务，把马克思主义的立场、观点和方法贯穿到学生社团尤其是思想政治类学生社团建设管理工作中去。二是实行学生社团双导师制，由马克思主义学院推荐优秀的思想政治理论课教师担任社团专业指导教师，由思想政治教育管理干部担任行政指导教师。专业指导教师对社团的内容输出和活动开展给予专业指导，提升社团活动的学术性和理论性。

（三）推动与第一课堂的深度融合

学生社团是第二课堂的重要载体，相较于第一课堂，其内容更加丰富、形式更加多样、学生参与兴趣更高。如能将思想政治类学生社团开展的第二课堂学习教育活动与思想政治理论课的第一课堂教学有机融合，将思想政治教育从第一课堂延伸到第二课堂，不仅有利于巩固第一课堂的思想政治教育成果、拓展课程思想政治教育的有效途径和强化实施效果，还能营造学以致用、知行合一的良好氛围，让广大学生学会运用马克思主义立场、观点与方法观察和解决问题，真正使习近平新时代中国特色社会主义思想入耳、入脑、入心，坚定广大大学生的理想信念，在实践中树立和践行社会主义核心价值观。

三、思想政治类学生社团发展建设再升级

以新政治观引领的"三全育人"综合改革要求构建一体化育人体系，打通育人"最后一公里"。思想政治类学生社团开展思想理论的导学、讲学、研学、比学、践学、督学等第二课堂活动是全过程育人中的重要环节，社团指导教师是全员育人的必要组成部分，各种形式的学习实践活动是全方位育人的有效补充。以"三全育人"理念建设管理思想政治类学生社团，能更好地培养肩负时代使命的新人。

（一）拓展育人资源

高校主动建设社团，不是要学生工作职能部门直接指导管理学生社团，而是根据不同类型的学生社团的育人目标和特点，结合高校的实际情况，将不同类型的学生社团和相应的专业学科所在院系或其他单位对接起来，更好地发挥社团育人功能，以助力学生成长成才。建设思想政治类学生社团，可以挖掘不同院系不同专业学科丰富的育人资源。例如，文史哲学科可以聚焦中华传统文化经典研读；公共管理学科可以关注政策学习宣讲；依托计算机学科人工智能技术，能为马克思主义理论传播提供新渠道；为了更好地落实好意识形态管理，需要马克思主义学院的积极参与和支持。

（二）深化师生联动

办好思想政治类学生社团，既要发挥指导教师的引领作

用，也要发挥学生的主体作用。由于思想政治类学生社团对参与师生的理论性和知识面有一定的要求，要打造兼具学术性和趣味性的活动，仅仅依靠学生骨干的积极性是远远不够的，还要依靠具有较高学术水平的专业教师的指导。首先，需要让专业教师认识到将自身专业研究兴趣和学生社团育人活动相结合，指导学生开展活动的过程也是教师拓展教育教学和学术科研的场域和范围的过程，实现育人育己和教学相长。其次，要选拔思想觉悟高、积极向党组织靠拢的优秀学生担任思想政治类学生社团骨干，做好日常教育和培训。此外，指导教师平时要与学生社团骨干常交流，深入细致地对学生社团骨干进行指导，为思想政治类学生社团的建设和发展提供保障和方向引领。如此一来，师生都能在良性互动中共同提升获得感和成长感。

（三）打造精品项目

当代大学生基本上"出身于独生，生活于市场，成长于网络"，要教育引领大学生，首先要针对他们的这些特点，将教育和服务相结合，在教育中服务，在服务中引导，这样才能贴近大学生的心扉，产生令其心悦诚服的感化效应。[4]开展思想政治类学生社团活动，要坚持精品意识，强化教育引导、实践养成、制度保障，整合校内校外的育人资源，结合学科特色，善用新媒体技术，积极发挥大学生的积极性和创造性，设计融思想性、教育性、实践性于一体的活动，不断增强社团的思想性、理论性、亲和力和针对性，教育引导大学生在亲身参与中深化对自身时代使命担当的认识和认同。

参考文献

[1] 谢安国，纪安玲，陈卓. 大学生思想政治工作专题研究 [M]. 北京：人民出版社，2019：120.

[2] 习近平在全国高校思想政治工作会议上强调　把思想政治工作贯穿教育教学全过程　开创我国高等教育事业发展新局面 [N]. 人民日报，2016–12–09.

[3] 钟一彪. 新时代高校学生社团建设探索 [J]. 广东教育，2019（9）.

[4] 郗杰英，刘俊彦. 共青团工作12讲 [M]. 北京：中国青年出版社，2011：79–80.

高校文化艺术类学生社团建设研究

周　昀　李　燕

[摘　要] 新时代高等教育内涵发展，应从"大思政"格局认识高校学生社团建设的功能定位和作用发挥。文化艺术类学生社团作为美育教育的重要阵地，在建设校园文化、提升大学生艺术素养、服务社会文化活动中发挥着不可替代的作用。建设新时代高校文化艺术类学生社团，可从目标导向、专业引领、组织保障等三个方面入手，更好地培育时代新人。

[关键词] 学生社团　美育教育　校园文化

习近平总书记在给中央美术学院老教授回信时指出："做好美育工作，要坚持立德树人，扎根时代生活，遵循美育特点，弘扬中华美育精神，让祖国青年一代身心都健康成长。"[1]高校作为优秀文化的引领者，理应充分挖掘美育育人资源，培养德才兼备、全面发展的新时代人才。文化艺术类学生社团作为美育教育的重要阵地，在建设校园文化、提升大学生艺术素养、服务社会文化活动中发挥着不可替代的作用。建设新时代高校文化艺术类学生社团，可从目标导向、专业引领、组织保障等三个方面入手，更好地培育时代新人。

一、目标导向：坚持落实立德树人根本任务

发挥文化艺术类学生社团育人功能，是一项系统工程，要做好顶层设计。实践证明，如果我们不重视主动建设文化艺术类学生社团，那么这类社团就很容易出现泛娱乐化的倾向，社团的活动形式和内容都将因随意、浅薄、空洞而与高校立德树人的文化氛围格格不入。主动建设文化艺术类学生社团，必须坚持以立德树人为建设目标和价值导向，通过书画、歌舞、话剧、表演等艺术形式，以潜移默化的方式教育人、熏陶人、感染人，从而影响大学生的思想意识和言行举止，达到提升大学生思想觉悟、道德修养、精神境界和综合素质，促进人的全面发展的目的。

（一）将立德树人全面融入社团建设规划

发挥文化艺术类学生社团立德树人的作用，应把学生社团纳入高校美育工作和校园文化建设的总体布局中。在总体蓝图中，结合每个社团的特点和所长，逐一明确其具体工作目标和实施路径。在制订社团建设规划和方案时，要把顶层设计和问计于"民"相结合，广泛征求师生意见，特别是学生的意见，充分发挥学生的主人翁精神。规划和路径确定后，要使之落地并成为社团成员的共同意志，就需要开展深入细致的宣讲等工作，帮助社团成员从感性认识发展到内化认同，通过久久为功的实践，推动社团宗旨的代代传承。

（二）将立德树人全面融入社团主题设计

文艺作品具有感染性强、可见度高、参与性大、效果显著的特点。要有效实现美育的引导功能，发挥美育"熏、浸、刺、提"的作用，关键要抓作品主题。一个作品的立意是否高远，决定了它的品位和格调。作为人才培养的阵地，文化艺术类学生社团要传播真、善、美，从积淀着中华民族最深层的精神追求的中华优秀传统文化中，从党领导人民在革命、建设、改革中创造的革命文化和社会主义先进文化以及中国特色社会主义伟大实践中发现创作的主题，反映时代的历史巨变，描绘时代的精神图谱。通过立体、生动、丰富的展现形式和艺术形象，激发大学生的文化自信和文化创造力。例如，在疫情防控时期，文化艺术类学生社团用散文、诗词、书法、漫画、戏曲、短视频、原创歌曲 MV 等形式创作了一批具有艺术性、接地气、易传播的抗疫文艺作品，传递了"同舟共济，打赢疫情防控阻击战"的正能量，表现了战疫工作中各条战线工作人员一往无前、选择逆行的奉献精神和爱国情怀。

（三）将立德树人全面融入社团日常管理

运用法治思维和法治方式规范学生社团的建设和管理，是高校依法治校的题中应有之意。首先，遵循艺术教育的一般规律和方式，文化艺术类学生社团实施以人为本的管理模式，充分激发指导教师的积极性，发挥大学生的主人翁精神。其次，对学生社团的活动组织、经费管理、宣传审核、财务管理等各个环节做好监督和引导工作。再次，在新时代科技发展和新媒体快速发展的大趋势下，高校文化艺术类学生社团的建设传播需要借助新媒体之力，因此在日常管理中要更重视宣传管理。最后，对于文化艺术类学生社团而言，日常排练是最常见的活动，也是管理工作中最重要的环节之一。

二、专业引领：建设优秀的指导教师队伍

（一）明确师资要求

教师对学生社团的指导，以及由此形成的寓于第二课堂的师生关系，是提高社团发展质量、发挥社团育人功能的关键要素。[2]文化艺术类学生社团要符合高校立德树人的文化氛围，一方面需要结合专业学科来建设，积极引进高水平艺术教师队伍，提升师资水平。对学生社团指导教师严格把关，针对不同的文化艺术类型特点，选聘专业相同或相近、有理想信念、有道德情操、有扎实学识、有仁爱之心的优秀教师担任指导教师，建立文化艺术类学生社团师资库。另一方面，要在增强教师参与指导的主动性和积极性方面下功夫，要求指导教师切实承担主体责任，做好学生价值引导、审美提升、心灵塑造的工作。

（二）抓好培训培养

文化艺术类社团指导教师只有拥有宽广的视野和先进的培养理念，才能更好地引导大学生识别美、按照真善美的基

本规律建立审美标准，并在社团实践中不断检验、修正和发展审美观念。同时，社团日常指导管理工作也是很细很实的，因此，要让指导教师扎实做好社团指导工作，就要抓好指导教师的培训培养工作。首先，将学生社团指导教师纳入高校思想政治工作队伍培训计划，建立健全指导教师培训培养工作体系，加大培训力度，让指导教师掌握科学的方法，教育和引领大学生健康成长。其次，加强美育和德育能力培养，通过多种方式，将专业技能训练与美育力培养结合起来，挖掘社团活动的思想政治教育元素与内涵，将思想政治教育贯穿于文化艺术类学生社团活动的全过程、各环节，实现立德树人润物细无声的效果。

（三）激发内生动力

办好文化艺术类学生社团，必须发挥指导教师的主观能动性和创造性。首先，建立和强化社团指导教师激励机制，将教师指导学生社团计入教学工作量，解决指导教师"劳动不受认可"的问题。其次，积极引导有艺术专业特长的教师把自身的兴趣爱好与所指导的学生社团的活动匹配起来，把学生社团的建设与人才培养工作紧密结合起来，把第一课堂和第二课堂的任务统一起来，增强指导教师的职业认同感，让其在社团工作中获得成长感和实现自我价值，实现个人专业兴趣发展和指导学生社团的正向循环。最后，树立指导教师队伍先进典型，推广具有示范作用的好经验、好做法。

三、组织保障：形成健全完善的育人体系

（一）组织体系

坚持"党管青年"的原则，不断加强和改进党对高校青年工作的全面领导。学生社团尽管是大学生自愿加入的群众性组织，但它作为高校立德树人的重要平台，应当毫不动摇地坚持党的领导。一方面，高校要构建强有力的学生社团领导体制，形成由学校党委统一领导，党委学生工作部牵头，团委、组织、保卫、教务等多个部门共同参与并分工负责的社团工作格局，做到党政协同、部门联动；另一方面，指导单位党组织要落实好意识形态管理和日常管理的主体责任，做好学生社团的建设规划和日常管理服务工作，推动文化艺术类学生社团发挥高校校园文化建设和文化育人等方面的作用。

（二）制度体系

社团对内的聚合力和对外的整合力都有赖于制度体系的完善和运行的规范。要在高校社团管理办法的基础上，有针对性地建立和细化文化艺术类学生社团管理制度，保障社团健康发展和行稳致远。一是要建立规范的社团章程，规定具体的组织架构、成员招募条件、管理方案以及考核模式等。把好入口关、规范过程管理，发挥制度的约束导向作用；通过科学规范的制度设计与执行实施，实现精细化的学生社团管理。二是要落细落实指导教师的岗位设置、组织制度、绩效考核标准和激

励措施，明确指导工作考核办法。三是要完善社团负责人选拔制度，建立学生社团骨干考评工作体系。

（三）资源体系

除了传统的经费、场地、物资等需求外，互联网的蓬勃发展也为学生社团有机整合线上线下资源提供了广阔空间，使社团成员学习的范围和环境得到有效延伸。利用微信、微博等社交软件，通过搭建网上平台整合资源，开展线上打卡、线上教学、线上培训、线上展示，将校园文化活动进行线上整合，实现师生一键了解、参与及分享，保障广大学生足不出户就能满足求知求乐的精神文化需求。

参考文献

［1］习近平给中央美术学院老教授回信［N］.新华社，2018 - 08 - 30.

［2］焦佳.高校学生社团建设的现状审视与对策研究［J］.思想理论教育，2020（5）：111.

下编　工作实务

求 进 报 社

—— 求实进取，做马克思主义的信仰者、传播者和践行者

　　求进报社成立于 1985 年 5 月，由中山大学党委组织部指导，以"求实进取"为宗旨，是中山大学历史悠久的红色学生社团，曾编印《求进》《求进报》《军训快报》《军训风采》《求进通讯》等刊物。经过 30 余年的发展，求进报社培养了一大批具有坚定理想信念的中大学子，他们致力于做马克思主义理论的坚定信仰者、有力传播者、忠实践行者。

一、加强马克思主义理论学习

　　求进报社由中山大学马克思主义学院专任教师担任指导教师，每月制定导读书单，系统学习马克思主义基本理论，学习运用正确的立场、观点、方法去观察、认识、分析、解决问题。求进报社的社员们积极参与"中山大学党建"微信公众号的内容编排和推送工作。在工作中，社员们将理论知识和中山大学党建工作实践情况联系在一起来学习，取得了良好的学习效果。求进报社曾举办形式多样的红色品牌活动，如"党章知识竞赛""新生党员座谈会""党章学习小组经验交流会"

"'你好，旧时光'知识竞赛"等（图1）。常态化的理论学习和实践，让社员们对马克思主义做到真学、真懂、真信、真用。

图1　2018年，求进报社举办"你好，旧时光"知识竞赛活动

二、持续开展马克思主义理论宣传

求进报社坚持以报育人、以笔发声，每年出版《求进报》（图2）。《求进报》结合社内撰稿及校内征稿，以唱响主旋律、弘扬正能量为目标，设有《思想》《党建》《时政》《人物》《专访》等栏目，2020年新冠肺炎疫情防控期间还增设《抗疫》《心得》专栏。求进报社积极顺应时代变化，加强建设"求进报社1985"微信公众号，2020年推出《诞生在改革开放大潮中的红色学生社团》以及《我们亲历的求进故事》

系列推文。

图2 2018年，中山大学纪念马克思诞辰200周年
专题展览中的求进报社展柜

三、定期组织主题教育实践活动

求进报社注重组织社员开展高质量的社会实践活动，加强学生思想政治教育第二课堂建设，营造良好的校园文化氛围（图3）。求进报社曾组织开展惠州研学活动，参观东江纵队纪念馆、叶挺将军纪念公园等红色教育基地，厚植学生爱国主义情怀；曾到中国银行广州分行等企业参观学习，感受改革开放

的磅礴伟力。一系列主题突出、立意鲜明、内容丰富的社会实践活动，使社员们在实践锻炼中增长见闻、拓宽眼界、提升境界，对中国共产党为什么"能"、马克思主义为什么"行"、中国特色社会主义为什么"好"等一系列问题有了更加深刻的认识。

图3 2018 年，求进报社举办校内素质拓展培训

行之力则知愈进，知之深则行愈达。沐浴着党的阳光雨露，求进报社茁壮成长。很多已经毕业的社员成了各行各业的精英骨干。求进报社将以习近平新时代中国特色社会主义思想为指导，团结凝聚广大青年学生，坚持求实进取，继续做马克思主义的信仰者、传播者和践行者！

撰稿：胡雪莲、邓志宏、徐越、胡琪悦、何思远、谢金泽、陶晗珂

国　旗　班

——守护国旗，厚植家国情怀

中山大学国旗班于 2018 年由校党委学生工作部指导组建，紧密围绕落实立德树人根本任务，高举爱国主义旗帜，通过组织日常训练和在重要时间节点、学校重要庆典仪式上承担升国旗的任务，引领学生从国家战略的高度思考和认识使命，不断增强师生爱国意识，激发师生爱国热情。国旗班由 130 个专业的 200 余位优秀中大学子组成，获评 2020 年"全国高校百强学生社团"（图 1）。

图 1　国旗班的获奖证书

一、承担升国旗任务，弘扬爱国主义

每逢国家重要纪念日，中山大学校庆、运动会、新生入学教育等重大活动，以及各校园每周一的升旗仪式，国旗班都承担着升旗、仪仗、司仪等任务，以富有仪式感的庄严形式，给予中山大学师生爱国主义的濡染与熏陶，倡导每一位中大学子爱我中华、关心国防、奉献社会，服务学校人才培养目标（图2、图3）。

图2　中山大学庆祝孙中山先生诞辰154周年暨建校96周年

图3 中山大学2020年开学典礼升旗仪式暨"大学第一课"

训练之余，国旗班成员认真学习《中华人民共和国国旗法》《中华人民共和国国歌法》等法律法规和学校规章制度。在日常训练和备战大型活动过程中，成员们齐心协力、相互信任、共迎挑战、共同进步，成为一支听党话、跟党走的具有高度凝聚力的优秀学生集体（图4、图5）。

图4　中山大学国旗班日常训练（一）

图5　中山大学国旗班日常训练（二）

二、传承红色基因，厚植家国情怀

国旗班不仅在国家重要纪念日和中山大学各项重大活动中承担升旗、仪仗、司仪等任务，还通过不断丰富升旗仪式内涵，倡导各院系将主题党日与团日活动、党员教育活动与升旗仪式相结合；通过组织成员学习习近平总书记重要讲话精神、学习高校党组织战"疫"示范微党课（图6）、参加抗疫事迹报告会（图7）等各类学习与军事体验活动，不断加深成员爱党爱国爱校的深厚情感，进一步厚植成员的家国情怀。

图6　国旗班组织学习高校党组织战"疫"示范微党课

图7　国旗班组织成员参加抗疫事迹报告会

三、打造特色名片，营造国防教育氛围

国旗班通过加强与兄弟高校的交流学习，传播正能量，提高影响力，曾受邀参加澳门大学、中山大学附属医院和中山大学附属中小学升旗仪式等活动（图8、图9），打造"中山大学国旗班"这一闪亮名片，不断拓宽大学生国防教育有效途径。国旗班以优良作风和杰出能力得到校内外的广泛肯定，成为中山大学展示校园文化建设和大学生素质教育成效的知名品牌。

图8 受邀到访澳门大学，并共同举办庆祝

中华人民共和国成立 70 周年升旗仪式

图9 参加中山大学附属小学开学典礼升旗仪式

撰稿人：徐亮、姜冰

红楼梦学社

——青春有梦，红楼不老

红楼梦学社（以下简称"学社"）成立于2015年，曾于2015—2016学年获得"中山大学优秀社团"荣誉称号。学社的主要活动形式有社课、读书会、线上知识比拼、游园会、《红楼梦》知识文化竞赛、定向越野、舞台剧等。学社旨在传播中国名著《红楼梦》及中国古典文化，为中大学子提供一个良好的中华优秀传统文化交流平台，带领社员发现红学魅力、提高文学素养。学社在丰富社员课余文化生活的同时，也发挥了繁荣校园文化、传承和弘扬中华优秀传统文化的重要作用。

一、立足原著，以文会友

红楼梦学社以学习《红楼梦》著作文本为基础，为社员提供原文探讨和学术提升的平台。在主题读书会中，社员们共读经典，畅所欲言、各抒己见。学社鼓励社员读懂名著，批判性吸收，说出自己的理解和探索，不较高下，不分长短。例如，在"画梁春尽落香尘"秦可卿人物专题读书会中，社员们谈论秦可卿的身世结局、性情格局、线索作用……在观点碰撞中，大家慢慢走近这位极神秘、极重要的红楼女儿。社课是学社的一大特色，是师生交流的重要桥梁，为有共同文学兴趣的中大学子提供了交流的平台。学社邀请中文系教师为社内外"红迷"提供专业而生动的解读；通过系统的经典阅读与逻辑思维训练，开阔眼界，提升修养。每年一度的《红楼梦》知识文化竞赛为师生"红迷"们提供了"切磋较量"的机会。来自不同院系、不同年级的逾百名参赛者齐聚一堂，猜射覆、解灯谜、吟诗句、观画作。这里有回忆书中内容时的绞尽脑汁，更有破解谜题后的会心一笑。这是难得的知音相见的雅集（图1）。

图1　第三届《红楼梦》知识文化竞赛

二、墨染红楼，乘兴游园

红楼梦学社由中国语言文学系指导，学社积极参加该系的品牌育人活动中华传统文化节游园会（图2）、上巳节游园会。通过组织《红楼梦》主题趣味游戏和知识问答，让更多人发现《红楼梦》、了解《红楼梦》，以丰富有趣的形式将传统文化送到中大学子身边。学社还积极与中山大学其他传统文化类学生社团合作，举办了"红楼梦与诗""名园筑何处""墨染红楼觅园逸"主题定向越野。这些主题定向越野有意识地将不同社团的特色和活动主题有机结合起来，提高活动的品位和趣味。例如，学社和书画协会共同组织的主题定向越野以《红楼梦》中的亭台楼阁与著名的书画楼阁命名打卡点，将书画元素与《红楼梦》建筑文化相结合，不仅妙趣横生，更让参与的中大学子感受到红楼之美，体会到传统文化的魅力。

图2　学社成员参加中文系的中华传统文化节游园会

三、千磨万琢，共赏红楼

中山大学第一部《红楼梦》舞台剧《泣血红楼》于2018年6月9日晚在传播与设计学院小礼堂上演（图3）。这部原创舞台剧从编剧、制片、导演、演员到道具、音效、灯光、舞台等，都由中山大学的近百名学生历时一年完成（图4）。红楼梦学社从创办起，就以创作中山大学版的《红楼梦》舞台剧为追求。为了更好地呈现这部鸿篇巨制、传世之作，剧组前后三次对剧本进行修改。零基础的学生演员们在中文系的排练室中一遍遍地打磨细节。在舞台剧成功演出后，学社将继续打造以《红楼梦》经典角色为主题的更多原创剧作。

图3　舞台剧《泣血红楼》剧照

图 4 舞台剧《泣血红楼》部分演职人员合影

撰稿人：陈方、柳翠嫦

岭南诗词研习社

——"三步阶梯"打基础，诗词大赛炼人才

岭南诗词研习社（以下简称"诗社"）是面向中山大学爱好古典诗词学习和创作的师生的学术类学生社团。诗社旨在传承中国古典文学高贵之精神和高雅之情趣，同时配合中文学科古代文学的教学工作。诗社活动以研读经典、规摹名家为主，开展讲座授课、名作研读、诗词创作、采风唱和等系列活动，聘请名师担任顾问，亦教亦乐，培养具有文学底蕴的诗词人才。

一、"要从容易见艰难"：注重日常练习，加深诗社底蕴

为研习诗词，岭南诗词研习社非常注重日常诗词习作，采用了"三步阶梯法"的训练方法。通过"三步阶梯法"训练，使社员写诗、评诗增添意趣，作品形式活泼、充满生气。

（一）第一步——"古诗初采风"

学诗从研读经典、规摹名家开始。社员翻阅资料，自学有

关诗歌创作的基本要求和方法,积极学习有关古体诗、近体诗、对仗和韵律的有关知识,在平时加以训练,使写作技巧日益成熟。

(二)第二步——"展露尖尖角"

学习了诗歌创作的相关知识后,社员就开始练习文笔。首先是填字,进而是对仗乃至谋篇布局的训练。这一阶段,不仅训练了平仄格律,还训练了诗词意境,社员渐渐地对骈偶句表现出更佳的驾驭能力,为由"习作"向"作品"的质变踏出坚实的一步。

(三)第三步——"文字吐芬芳"

在掌握了诗词的创作方法后,社员尝试诗词创作。在对作品的平仄、韵脚进行交流反馈后,社员写出了较为工整的律诗和绝句。"文章合为时而著,歌诗合为事而作。"在 2020 年抗击新冠肺炎疫情关键时期,社员们应用所学,以诗战"疫",给困境中的人们以前行的力量。

二、"为有源头活水来":加强各方交流,发出诗社声音

(一)开展诗社主题作业交流,凝聚三校园诗社创作力量

岭南诗词研习社在广州校区南校园、东校园以及珠海校区

均有分布。不同的校园环境为诗社大集体带来了丰富多元的合作资源，同时也对三校园诗社互助互益提出了更高的要求。诗社组织了多次集体的线上作业，主题包括"故乡""情思"等传统题材，极好地锻炼了社员们对古代常见诗词主题推陈出新以及将现代生活融入古体诗词的能力。除此之外，雅集亦是诗社一大传统，康园雅集、翁源雅集（图1）等各类雅集，既在时空中追古思今、陶冶情操，也为师生间的亲密交流提供了平台。在师生交流会（图2）中，社员们与中文专业教师、往届诗社成员互动交流，从中收获丰富的诗歌学习经验。

图1　翁源雅集师生合照

图2　岭南诗词研习社师生交流会

（二）积极与同道互动学习，实现补益，开阔眼界

诗社深度参与了《广州日报》发起的"广东好·忆江南词牌创作"活动，社员的众多作品得到刊发。岭南诗词研习社与姊妹社团紫荆诗社也一直保持着密切联系，互相补益，实现共同进步。诗歌的创作少不了对古人的虚心学习，更少不了与今人的深入交流。

三、"未应深巷卖杏花"：参与诗词大赛，打响诗社品牌

（一）举办"蒹葭杯"诗词赛事，打造诗社闪亮品牌

"蒹葭杯"诗词邀请赛是由岭南诗词研习社主办的传统诗

词赛事，每年将佳作结集出版，刊名为《粤雅》。第一届"蒹葭杯"于2006年举办，原为校内比赛。为加强高校间诗词创作交流，自2013年第八届"蒹葭杯"开始，每年邀请四所高校参赛。经过初赛、复赛，最终筛选出冠、亚、季军以及优秀奖（图3），作品与点评通过网络平台面向社会公开。"蒹葭杯"的举办得到了国内各大高校文学社团的鼎力支持，增进了学子间的交流交往。"风物长宜放眼量"，通过参与诗词大赛，社员们将创作的视野扩展至全国范围，对传统文化、社会和人生有了更深的思考。

图3 "蒹葭杯"诗词邀请赛颁奖现场

（二）深度参与诗词盛会，向一流诗词团体看齐

岭南诗词研习社十分重视的另一赛事是中华大学生研究生诗词大赛。该赛事始于2006年，已历十二届。赛事一直由中

华诗词教学会主持，并且由不同高校轮流承办。第十届赛事冠以"花城印记杯"之名，由中山大学中文系承办，诗社成员积极参与并取得了优异成绩（图4）。通过参与国内标志性诗词盛会，诗社不断向国内一流诗词团体学习，并精进自身的发展。

图4　"花城印记杯"中华大学生研究生诗词大赛
开幕仪式上的诗社导师合照

撰稿人：陈彪、冒荷芬、贾一平

外语协会

—— 强外语应用能力，促文化沟通交流

外语协会（以下简称"协会"）是在外国语学院指导下的学术类学生社团。协会集聚全校不同年级、学科背景的外语学习者、应用者和爱好者，借助中山大学外语中心师资力量及公共外语教学资源，通过开展口语角、精品赛事、专业训练、模拟考试等活动，为广大学生提供优质资源平台，营造良好学习氛围，培养高效能学习习惯。中大学子参与协会活动，不仅能够提高外语应用能力与课业水平，还能够提升跨文化的沟通交际能力。协会还积极为中山大学的"外研社杯"英语演讲赛、英语辩论赛等选拔输送优秀选手。

一、硬核特训，让外语技能"强起来"

外语协会在每年的春季学期和秋季学期分别举办英语口语大赛、英语辩论新生赛，以赛促学、以赛促练、以赛促研，激发学生的学习主动性和积极性。协会已成功举办了十七届英语口语大赛，通过即兴演讲、角色扮演、视频配音、分组辩论等环节，全面考察学生的英语表达能力和应变能力（图1）。大赛受到师生的广泛关注，由外国语学院外语教学中心的教师担任全程指导和大赛评委。协会举办的英语辩论新生赛，每次规模都超过30队，由五轮积分制预赛、三轮淘汰制复赛及颁奖典礼组成，历时两天，最终角逐出冠、亚军以及若干最佳辩手。大赛邀请珠三角地区各高校的优秀英语辩手组成裁判团，对参赛选手的辩论、演讲技巧给予指导和帮助。除了参赛的辩手，观看比赛的随队裁判（trainee judge）也能够得到实践锻炼，掌握评分关键，学习如何裁决一场正规的英语辩论赛。

图1　第十七届英语口语大赛决赛现场

近年来，中山大学学生多次在"Uchallenge全国大学生英语挑战赛"上摘得桂冠，阅读、写作、演讲三大赛事佳绩迭出，获得"外研社杯"全国大学生英语辩论赛全国总决赛直通卡和广东英语辩论公开赛冠军。

二、持续发力，让外语知识"活起来"

外语协会注重常规活动的开展和训练，让中大学子在生活中自觉运用外语，不断提升外语素养。协会每月定期举办两次英语口语角活动，面向全校学生，通过特色文化主题交流和趣味互动，为学生营造同英语母语者沟通的真实环境，来练习英语口语表达（图2）。

图2　开展口语角活动

英语辩论队每周都要进行"队训"，由前辈队员担任教练，从经济学、政治学、社会学、文化教育、法律等领域选取一个主题，讲解相关知识，剖析各种案例，分解常见辩题，最后以模拟辩论的形式让队员们消化和运用所学内容。队员们在训练中不仅可以学到专业领域的知识，更能在思辨与交流中锻炼英语口语，是大学英语课堂外的"自助餐"和"进阶版"。

英语辩论队每年还邀请历届优秀队员以及广东省内知名辩手进行模拟辩论赛，为初涉英语辩论的队员提供观摩学习机会，以便他们进一步了解如何提出论点、引用论据、反驳对方，真正做到以德思辨、以理服人。每次模拟辩论结束后，还设置问答交流环节。通过榜样的力量，激发队员自我精进的不竭热情与动力。

三、贴心帮扶，让外语学习"暖起来"

外语协会关注各类型外语学习者的实际需求，分类开展有针对性的学习活动。面向非英语专业的普通学习者，口语角围绕海内外文化差异设计每期主题，如"我的梦想大学生活""记一次难忘的旅行""疯狂购物节"等，根据参与者的兴趣进行引导并激发其发散性思维，提高参与者学习外语的积极性并拉近参与者之间的距离，让他们在学习的同时收获宝贵的友谊（图3）。

协会还引入"公益外语"的概念，学以致用，自助助人。通过座谈和调研，协会针对学生对外语类考试复习备考的需求，面向外语基础较薄弱的学生，在大学英语四级、六级考前一个月，分四次策划并组织模拟考试。模拟考试采用往年真题，并通过模拟考场环境和考试氛围，达到督促复习和逼真演

图3　做好团队建设，营造友好氛围

练的作用。此外，协会还为参与者免费提供往年真题册，以及四级、六级核心单词手册等复习资料，建立打卡群和讨论群，方便参与者互相监督、互相帮助，通过一系列举措，增强外语等级考试备考的实效，让学生在升学和就业中更具竞争力。

撰稿人：林璐、郑佳钰、文艺

岭南人杂志社

——以文化人，以美育人，充分发挥文学的育人功能

岭南人杂志社（以下简称"杂志社"）成立于 1993 年，在信息管理学院党委的正确引导下，杂志社牢牢把握新时代党对青年人才的培养目标，坚持以文化人、以美育人，充分发挥社团独特的文学育人功能。围绕校园文化建设，杂志社开展读书会、电影周、岭南人联谊会等活动，打造中大红楼文化系列品牌活动，承办多个校级征文比赛，深化了师生与朋辈之间的交流和情谊，提高了学生的文化和艺术修养，助力学生全面发展，先后被评为广东省和中山大学的优秀学生社团（图1）。

图1　岭南人杂志社荣获为2017—2018 年度广东省优秀学生社团

一、以美育人，提高学生审美和人文素养

岭南人杂志社按照育人工作目标，不断完善社团组织架构，现设编辑部、新媒体部、美编部、秘书部四个部门。编辑部从文学方面统筹杂志社的内容产出，负责组织开展读书分享会、写作交流会等活动。新媒体部运营杂志社微信公众号。美编部承担杂志社年刊的整体设计工作，并开展摄影讲座、绘画艺术交流会等活动，提升中大学子的审美水平和艺术修养。以上三个部门互相协调合作，为提升中大学子的文学艺术综合素养而不断努力。秘书部是综合协调的部门，为其他三个部门提供服务和支撑。杂志社的年刊，为中大学子提供了文学和艺术创作空间，其优质的文章、摄影作品和精美的装帧，展现了新一代大学生出类拔萃的文学素养和审美水平（图2）。

图2　岭南人杂志社历届年刊

读书分享会和写作交流会邀请中山大学相关学科的知名教师做指导，并开放给全校同学参加，让更多中大学子有机会接受文学专业知识的熏陶。其中，杂志社2004级社员文珍荣获第五届老舍文学奖。

二、以文化人，打造中大红楼文化和校园文化

由岭南人杂志社主编的《印象·中大红楼》（图 3）于2018 年出版。该书以中山大学部分有代表性的红楼建筑为对象，收录中山大学师生和校友关于红楼建筑的文学性优秀文章和若干摄影作品，用优雅的文字和精美的摄影作品将璀璨的红楼建筑历史呈现出来。杂志社举办了一系列红楼主题活动，例如，"红楼丽影·前世今生"讲座向中大学子介绍康乐园红楼历史、红楼故事，传递中大精神；红楼诗文朗诵会将音韵之美与红楼之美深情融合，倾诉中大人对康乐园真挚的爱恋。杂志社积极参与了《印象·中大草木》（图 4）一书的编写，用诗

图 3　岭南人杂志社主编的　　　图 4　岭南人杂志社参编的
　　《印象·中大红楼》　　　　　《印象·中大草木》

歌、散文等文学形式，对中山大学校园里种类丰富的花草树木等进行描绘，展现生机盎然、优美动人的校园风光。《印象·中大红楼》和《印象·中大草木》两本书深受中山大学师生和校友欢迎，成为校园文化畅销书。

三、立德树人，培养学生家国情怀

岭南人杂志社积极参与筹划理想信念教育主题征文活动。2018年，杂志社承办中山大学"家国情怀"主题作品征集活动，抒写校友或在校师生对母校的独特情怀，表现中山大学的历史积淀和精神传承。2019年适逢中华人民共和国70周年华诞，杂志社策划"七十年·祖国记忆"专题主题征文活动，相关作品通过微信公众号发表，带领读者回顾共和国的光辉历史，在追溯历史中展望未来，牢记新时代新青年民族复兴的光荣使命。2019年，在中山大学95周年校庆之际，杂志社推出"情深吾校"主题作品征集大赛，鼓励中山大学师生从校园风物、人情回忆等多个角度抒发对中山大学的美好情感和热爱之情。2017年，杂志社作为中山大学学生社团代表参加"青春·筑梦荆楚"第二届海峡两岸青年东湖论坛，与海峡两岸的高校大学生交流（图5）。

图5　岭南人杂志社参加"青春·筑梦荆楚"
第二届海峡两岸青年东湖论坛

撰稿人：李庆双、刘姝贤、王朔、蓝恺鑫

笃行工作室

——提升学生数学素养

笃行工作室（以下简称"工作室"）成立于 2008 年，是数学学院党委提出的两个"学生教务处"之一。在数学学院党委指导下，工作室由专业教师和专职辅导员共同指导，致力于培养学生的数学学习兴趣，提高学生的数学科研水平，提升学生的数学素养。工作室的主要活动包括组织项目学习研究与开发，举办数学建模讲座和新手赛、招生宣讲会，组织学习交流活动，等等，为学生搭建优质资源学习交流平台，助力数学学科拔尖创新人才培养和学生学业发展。工作室自成立以来，举办了 10 场数学建模新手赛、80 余场数学建模讲座，每年覆盖全校上千名学生，培养了诸多国际级、国家级数学建模比赛奖项获得者。

一、开展全面系统科研训练，提升数学专业素养

笃行工作室深入数学和计算机两个学科的理论研究和应用研究，定期开展分享会，对社员进行全面系统的培养训练，为学生的学业发展夯实基础。

（一）系统覆盖相关领域，内化外用数学知识

笃行工作室成立了统计组、数研组和研发组，学习研究范围覆盖金融数学领域知识、数学领域前沿知识以及计算机编程和网页开发等知识，定期组织统计建模比赛，提高社员对知识的内化外用能力，逐步提升学生的数学专业素养和科研能力。

（二）制订科研训练计划，因材施教循序渐进

工作室针对不同阶段的学生设置初级、中级、高级三个级别的课题。初级课题目标人群为本科一年级学生，旨在引导、培养学生的科研兴趣，为专业课学习提供实践补充；中级课题目标人群为本科二、三年级学生，旨在帮助学生形成科学研究的规范视野，在项目基础上对专业学科深入学习；高级课题目标人群为本科三、四年级学生，旨在培养学生的独立思考能力、综合应用能力以及开拓创新能力，为本科毕业论文作铺垫。因材施教突出问题导向，循序渐进帮助学生从入门到精通，逐级提升数学专业素养。

二、实战演练讲座指导，提高科研应用能力

笃行工作室举办诸多与数学相关的学习活动，让更多学生对数学产生浓厚兴趣，加入数学科研与应用的阵营，用数学这把钥匙打开机器学习、大数据、深度学习等热门研究领域的大门。

（一）举办数学建模新手赛，增强学科应用硬实力

对于本科生而言，数学建模（以下简称"数模"）比赛是宝贵的实战演练机会，不仅能运用专业知识解决现实生活中的难题，还能锻炼撰写学术论文的能力，为未来的科研和就业夯实基础。为了让更多学生通过实战演练体验数学的妙用，工作室每年面向全校首次接触数模的学生举办数模新手赛，由数研组成员在专业教师指导下出题，年均吸引 200 名中大学子参赛。此外，工作室还邀请数模比赛经验丰富的学生通过线上讲座的方式为初次参赛的学生答疑解惑，分享数学学习技巧和建模实战经验。

（二）邀请专业教师指导，提高学术科研水平

专业数学建模竞赛有两项重大赛事——全国大学生数学建模竞赛（以下简称"国赛"）和美国大学生数学建模竞赛（以下简称"美赛"）。工作室每年举办数模讲座，邀请数学学院专业教师对数模知识进行针对性讲解，每年 8 场，每年受益学生达 1000 余人。工作室还邀请相关教师为参赛学生提供赛前指导和培训，旨在培育数学建模拔尖创新人才，为中山大学乃至国家争取荣誉。同时，以数模培训为切入点，培养学生的科研兴趣，提高学生的科研水平。近年来，中山大学参赛和获奖队伍的数量和成绩都有显著的提高（图 1 至图 4）。

图1　2010—2020 年参赛队伍数量变化

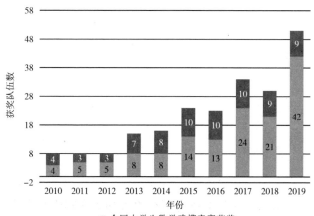

图2　2010—2020 年全国大学生数学建模竞赛等重要

奖项获奖队伍数量变化

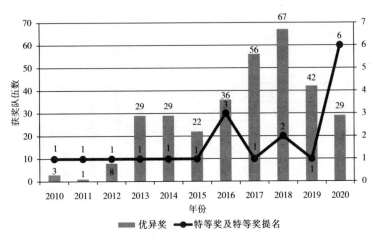

图3　2010—2020 年美国大学生数学建模竞赛

重要奖项获奖队伍数量变化

图4　2019—2020 年美国大学生数学建模竞赛重要奖项获奖证书

撰稿：黄异琪、宫昕

Torchwood 物理学社

——搭建物理学术学习与交流平台

Torchwood 物理学社（以下简称"学社"）成立于 2011 年，在中山大学物理学院教师团队的指导下，致力于培养学生的物理科研兴趣，提高学生的学术水平。学社通过开放实验室，开设数学软件（Mathematic）、物理模拟（Comsol）等软件应用讲座，举办学术研讨会、科研分享会和留学分享会，组织中国大学生物理学术竞赛校内模拟赛等方式，搭建师生和朋辈交流平台，增强学生的逻辑思维、分析能力，培养严谨的学术态度，助力学生学业发展与升学深造。学社成员曾多次荣获中国大学生物理学术竞赛国家二等奖和三等奖。

一、提供自主开放实验室，培养学生科研兴趣

在物理学的学习起步阶段，各种各样的精妙实验是吸引学生进一步深入研究的关键，简单现象的背后有时蕴藏着深刻的物理内涵。为了让更多有着层出不穷奇思妙想的学生可以进行实验验证，Torchwood 物理学社为学生提供物理学院自主开放实验室和常用的实验用具（图 1），邀请学长与社团指导教师

悉心解答学生的问题，为学生提供帮助。在这里，学生可以将天马行空的想象力与严谨的物理实验相结合，去探究课题，将自己在课堂上学到的知识以及课后掌握的技能运用于实验与分析中，提高他们独立思考的能力，将所学知识融会贯通。这样不仅培养了学生的动手能力、逻辑思维、分析能力与严谨习惯，也激发了学生对科研的热情与兴趣，进一步发挥学社作为学术类学生社团在科研学术方面的导向作用。

图1　学生在物理学院开放实验室做实验

二、举办全国性重要学术竞赛校内赛，提高学生竞赛水平

中国大学生物理学术竞赛（China Undergraduate Physics Tournament，CUPT）是目前国内本科阶段最重要的大学生物

理类创新竞赛活动之一。为营造积极良好的学术氛围，Torchwood 物理学社一直围绕 CUPT 竞赛，每年组织系列活动。一是组织筹办模拟赛、校赛，遴选校队队员。在物理学院的大力支持下，学社积极组织筹办 CUPT 校内赛（SYSUPT 比赛），促进校内院系间的学术交流。在筹备期间，学社通过各种方式进行广泛宣传，热烈欢迎所有对物理学感兴趣的中大学子参与，并邀请物理学院专任教师、其他学院乃至其他高校的专业教师担任比赛评委。学生们的竞赛成绩逐年提高，在全国各所高校学生中的竞争力逐步增强（图2、图3）。二是开展基础类学术讲座，夯实学生学术基础。针对本科学生缺乏科研、学术实操经验，在软件使用、设计和报告展示等方面存在的不足，学社邀请专业教师开展学术讲座，介绍学术性 PPT 的要求，以及数学软件（Mathematic）、物理模拟（Comsol）、3D 建模（CAD）等常用软件的入门使用方法。

图2　参加第十届中国大学生物理学术竞赛的校队师生代表

图3　第十届中国大学生物理学术竞赛获奖证书

三、提供交流平台，促进学术交流与钻研

Torchwood 物理学社定期开展各类面向不同群体、促进师生和朋辈交流的活动（图4、图5）。一是面向低年级本科学生开展学术研讨会。平均每两到三周举办一次学术研讨会，由学生主持，邀请学长以轻松的沙龙形式为低年级学生介绍自己近期参与的学术项目、相对浅显易懂的学术知识等。二是组织科研分享会，介绍科研方向。邀请物理学院的专业教师给学生们介绍自己的科研方向和科研经验等，让学生初步认识和了解科研，与教师认识和接触，为后续进入实验室、考研或保研打下基础。三是组织升学分享会，介绍深造经验。邀请已经获得

国外高校留学资格和国内（包括校内）保研、考研的学长为学生介绍自己出国留学的准备或保研、考研的经验。大四本科生还将历次分享的经验汇编成《飞跃手册》，为低年级学生提供帮助和指引。

图4　邀请专业教师开设数学软件（Mathematica）讲座

图5　邀请学长举办微分几何研讨会

撰稿人：雷世菁、郑大鹏

学生信息科技发展中心

——创新实践育人，助推新工科人才培养

学生信息科技发展中心（以下简称"中心"）由中山大学电子与信息工程学院指导，是该学院"'电子科学与技术'国家一流学科"建设体系的重要组成部分。通过实训项目驱动和顶尖赛事激励，中心搭建与第一课堂有机融合的学生课外科技创新平台，营造浓郁的学术科研氛围，为培养"厚基础、重能力、求创新、强应用"的新工科拔尖创新人才发挥积极作用。

一、从理论到实践，提升科研兴趣，锻炼实操能力

对于工科学生而言，如果缺乏内在兴趣驱动，是无法在科研道路上长久走下去的。学生信息科技发展中心以兴趣为牵引，以项目为抓手，推动学生致力于追求学术，在科研中获得精神满足、实现人生价值。

一是注重科研体验，加深专业认同。中心每年组织新生参观科研场地，让他们熟悉常规实验设备，了解实验基础操作，感受不同专业实验室氛围，加深对学科、专业的理解和认同。

二是策划学术讲座，推动本科生早进实验室、早进课题、早进团队的"三早"教育。中心策划"专家面对面"活动（图1），邀请校内外知名学者开设学术讲座，为学生们发现科研兴趣、筑牢学科基础、融入专业体系开启绿色通道，有效促进本科生"三早"教育。2017—2019 年，中心共举办学术讲座44 场，邀请专家71 人次，累计参与学生逾3000 人次。

图1　"专家面对面"活动

三是开展创意比赛，鼓励奇思妙想。中心策划举办发明创新大赛，鼓励学生以所学理论为基础进行构思设想，提出制作方案或设计创意，将理论付诸实践（图2）。2017—2019 年，共有54 组、137 人次学生参与。比赛极大激发了他们敢想敢做、追逐梦想的创新探索精神。

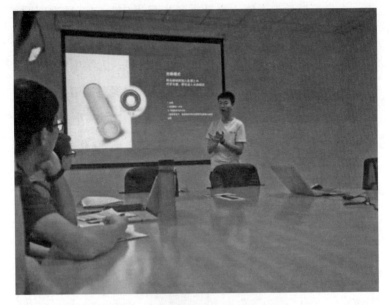

图 2　发明创新大赛现场成果展示

四是组织科训项目，锻炼实践能力。中心每年协助组织实施大学生创新训练项目、实验室开放基金项目等，组织学生申报各类科研项目。2017—2019 年，共组织各类项目 69 项，其中，校级及以上项目 57 项，获国家级立项 25 项，参与学生逾200 人次，为培养本科生创新意识和实操能力发挥了积极作用，促进了本科生提前参与科研。

二、从普训到竞赛，强化竞争意识，培养进取精神

学科竞赛对于激发学生专业学习兴趣，提高运用理论解决实际问题的能力，增强心理素质和团队精神，都有着积极作

用。学生信息科技发展中心下设竞赛部，具体承担高水平学科竞赛的宣传、报名和普训等工作，协助电子与信息工程学院专家教练团队做好竞赛服务工作。

一是梯度培训，覆盖广泛。中心为不同基础的学生提供差异化的科技讲座信息、"云端"培训共享资料等，还在开放实验室进行现场交流和疑难解答。2017—2019 年，组织培训 69 场，培训学生近 5500 人次。从基础技术培训到竞赛经验介绍，从竞赛选拔到创业实践，中心已成为学生本科学习阶段重要的技术锻炼和成长平台。

二是朋辈引领，共同成长。为发挥朋辈引领作用，中心在学生中选拔"培训师"，2017—2019 年共培养学生"培训师"50 余人。学生"培训师"在竞赛教练的指导下，为零基础的同学"扫盲"，为有基础的同学升级技术，还在每年发明创新大赛和电子普及赛上为学生分梯度设计题库，并开展项目研发和备赛培训，通过"手把手、传帮带"朋辈引领工作机制，促进竞赛培训良性发展。

三是参加顶尖赛事，追求卓越。中心为学有余力的学生参加高水平学科竞赛提供支持与服务，2016—2019 年，获奖学生近 500 人次，其中国际级 28 项、国家级 34 项、省级 48 项。参赛学生在顶尖赛事中敢于挑战、勇于进取，不断从优秀走向卓越（图 3 至图 5）。

图3 2019 年全国大学生电子设计竞赛中山大学校内选拔赛现场

图4 2019 年获第八届"中国软件杯"大学生软件设计大赛一等奖

图5　2019 年获第九届"华为杯"中国大学生智能设计
竞赛总决赛全国一等奖

三、从课堂到企业，拓展学术视野，激发创新思维

工程技术教育与产业发展紧密联系、相互支撑，新经济的蓬勃发展对新工科人才培养提出了新的要求，学生信息科技发展中心在做好内部培优的同时，密切关注产业发展和社会需求，培养能够适应甚至引领未来工程需求的高素质人才。

一是组织企业参访，探寻科技前沿。中心定期组织学生前往华为技术有限公司、深信服科技股份有限公司等知名科技企业参访研学（图6），近距离了解科技发展前沿，感受科技带来的变革，帮助学生们找准自身发展定位。

图6　前往企业参访

二是依托实践基地，共享企业资源。中心充分利用电子与信息工程学院和企业共建的教学实践基地，以企业研发力量为支撑，结合人工智能等科技热点展开技术交流培训，在全校范围内聚拢了一批热爱技术开发和科技产品研发的学生创新群体。

三是助力创新创业，激发学生潜能。对于有创新创业想法的同学，中心积极给予引导并提供支持。近年来，以电子与信息工程学院本科生为主力的学生团队斩获全国大学生集成电路创新创业大赛全国总决赛一等奖等奖项（图7、图8），经历过中心培养锻炼的毕业生先后成立多家科技创业公司，获得社会广泛认可。

图7　2018年获第二届全国大学生集成电路创新创业
大赛全国总决赛一等奖

图8　2018年获"创客中国"智慧芯片设计与应用创新创业
大赛总决赛"创客组"二等奖

四、从校园到社会，追求学以致用，践行家国情怀

学生信息科技发展中心在努力锻炼学生科研能力的同时，还特别注重培养学生的家国情怀、责任担当，每年组织学生技术骨干前往广西桂林中学开展招生宣传和科普培训（图9）。2017—2019 年，已为近 200 人次的高中生提供"巡迹避障小车""教育机器人"等课程以及编程、电路设计等基础知识培训。2019 年还应邀参加桂林市第二届青少年科技运动会，进行科技表演展示。此外，中心成员还积极参加电子与信息工程学院团委"三下乡"、中山大学附属中学"云梯计划"等公益科普项目，在提升中小学生科技兴趣之余，也在他们心中播撒下"科技报国"的种子。

图9　科技进中学活动

新时代呼唤新工科人才，学生信息科技发展中心将继续发挥学生课外科技创新平台的支撑和引领作用，筑牢专业基础，提升科学素养，助力培养德才兼备、具有领袖气质和家国情怀的新工科创新人才，为建设科技强国而不懈努力。

撰稿人：钱宁、王琅

学生学术发展中心

——学术创新育英才

学生学术发展中心（以下简称"中心"）成立于 2010 年，原名"中山大学学生软件技术发展中心"，由中山大学计算机学院党委指导。成立以来，中心组织学生参加科技创新活动以拓宽学生专业视野，举办软件创意设计大赛、软件创新开发大赛和互联网展等品牌活动来营造学术竞赛氛围，培养学生的创新能力和应用能力，促进了学生的学术发展和专业实践。

一、以赛促学，将第二课堂融入第一课堂

学生学术发展中心为了鼓励学生将第一课堂学到的知识用于实践，积极举办软件创意设计大赛、软件创新开发大赛和互联网展三大品牌活动，协助组织学生参与各项全国性创新创业大赛，以赛促学，以评兴学。截至 2020 年，软件创意设计大赛、软件创新开发大赛已成功举办十五届，互联网展已经成功举办四届，每年参赛参展学生团队与专业教师以参赛作品为起点，进行深入交流，开展科研训练，不断提升学术水平。这三大品牌活动已成为师生交流的重要平台，也是中大学子与其他高校学生同台竞技的舞台(表 1、图 1、图 2)。

表1　2017—2019 年学生软件创新创意大赛参赛队伍数量

活 动 名 称	2019 年	2018 年	2017 年
软件创意设计大赛	50 支	26 支	35 支
软件创新开发大赛	20 支	12 支	79 支

图1　2019 年第十五届软件创意设计大赛决赛选手合影

图2　2019 年第四届互联网展现场

二、学以致用，用专业知识培养家国情怀

学生学术发展中心紧密对接学生对互联网领域的学习需求，开展了一系列科普讲座和技术培训会，搭建起一个互联网知识传播的平台。为帮助新生尽快适应专业课的学习节奏，中心每年都积极开展计算机学院新生入学科技教育，为新生精心筹划"入学科技教育系列讲座 *Hello Freshmen*"。其中，专业基础和发展概况系列讲座让新生认识到专业的发展方向，鼓励新生将个人发展与行业发展相结合；学习经验主题讲座帮助新生把握大学学习模式，为适应快速的学习节奏做好准备；科技竞赛介绍系列讲座帮助新生了解大学竞赛的趣味性，鼓励新生积极参与。同时，中心还面向中山大学全体学生，每年举办数十场技术性科普讲座，包括算法专题、网络安全和区块链主题等，拉近中大学子与互联网技术的距离，激发他们探索的积极性。

三、营造氛围，以线上传播激发学术志趣

学生学术发展中心建设微信公众号，用新媒体传播的方式，进一步巩固学生的专业知识。线上传播与线下活动相互配合，充足的学习资源让学生从知识的海洋感受互联网文化的魅力，提高收获感。中心以书籍资源为基础，整理有关区块链、网络安全、Python 编程等主要书籍的内容，以及学长的学习笔记等资料，供学生下载自主学习。中心整理推送有关互联网知识的精品文章和优秀学生的专业学习心得体会，帮助学生提高

专业学习水平。微信公众号实时宣传 CCF 大学生计算机系统与程序设计竞赛、中国研究生人工智能创新大赛、全国高校区块链大赛、中国研究生智慧城市技术与创意设计大赛等学术科技活动，跟进报道各项学术科技竞赛，营造良好的学术竞赛氛围。

撰稿：侯雪莹、何金鹏、张领统

数　学　会

——鼓励学科交叉，培育卓越数学人才

数学会在中山大学数学学院（珠海）党委的指导下，通过开展"i 数创"大学生数学与交叉学科创新项目，增强学生科研意识、创新精神，提高学生数学理论知识学习能力和运用数学思维解决交叉学科实际问题的能力。截至 2020 年 12 月，已培育学生项目 26 个，项目以数学为主线，侧重于中山大学重点发展的深海、深空、深地、深蓝学科，服务国家海洋强国战略、空间科学战略，为建设科技强国培育卓越学子。

一、重视数学知识运用，促进项目组交叉学科探索思考

数学具有公共基础学科的地位，不论是自然科学还是社会科学，各领域的科学研究都与数学息息相关。中山大学是教育部直属高校中学科门类最齐全的高校之一，在校本科生在学习本专业学科知识的同时，能够接触、认识其他学科知识和应用方法，有意识或无意识地开展交叉学科思考与探索。而数学是各专业的必修课程，组织开展"i 数创"大学生数学与交叉学

科创新项目能满足来自不同学科的学生运用数学知识、进一步分析和认识其他学科的设想需求。"i 数创"大学生数学与交叉学科创新项目两期共收到 100 余位学生的积极申报，累计26 项创新项目结项。各项目小组在专业教师的指导下开展为期 6～12 个月的创新性研究，获益良多。数学会在立项和答辩阶段邀请中山大学各学科专家组成评审小组，对学生进行指导，引导学生进一步深入探索（图 1、表 1）。

图 1 两期"i 数创"立项答辩现场

表 1 "i 数创"26 个大学生数学与交叉学科创新立项项目

序号	立项项目名称
1	白佳慧组：对中珠降水积水和排水系统的研究
2	蔡明珠组：新型抛物面离子集成陷阱设计
3	陈宇组：基于数学模型的民宿定价最优解的查询程序

续上表

序号	立项项目名称
4	陈泽川：基于港湾大道与金峰路交叉路口车流量的智能调整的交通信号灯系统
5	李思念组：处理视频网站用户数据误差的优化算法——建立电影类型与电影综合评价的关联模型
6	廖赫精组：如何定价流量包使利益最大化
7	林杰明组：在线学习系统最优间隔重复的学习记忆建模
8	林学渊组：基于机器学习的P2P网贷违约风险对比研究
9	吕丹妮组：中山大学珠海校区树木多样性、生长情况、对路面破坏程度的调查
10	饶正飞组：面向化工应用的高分辨率图像处理和模式识别研究
11	谭梦丽组：关于中山大学体育经费的使用与更改的研究调查
12	温佳红组：探究中国限购政策对经济增长的影响
13	肖澎臻组：近十年来中国台风频发区台风登陆时各类因素对登陆地造成的经济损失的研究
14	杨思正组："全面二孩"政策下的人口年龄结构特征预测及对国民经济影响的探究——以改进的人口经济学模型为工具
15	叶骐铭组：基于变分贝叶斯推断的隐马尔可夫模型应用
16	叶清瑜组：超声造影定量分析与病因关系分析
17	张梓晖组：手写公式机器识别
18	周湘莹组：工地扬尘对周边空气质量的影响及洒水治理的效果探究
19	陈泽川组：基于排队论及遗传—蚁群算法优化路径规划Kano-AHP评价模型的期望效用最大化研究
20	董宇航组：企业创新有效性——基于经济数学模型视角

续上表

序号	立项项目名称
21	黄伟琨组：钱方法在数字水印中的应用
22	黄勇涛组：爆炸烟云扩散及沉降过程的数值模拟研究
23	徐皞笼组：如何提高外卖行业配送效率
24	喻彦晖组：研究通胀、美元价格、自然灾害
25	袁梓昭组：基于监督式机器学习的近海波高预测
26	周讯组：关于大学生食堂与外卖选择影响因素探究

二、训练数学思维素质，培养本科生逻辑推理创造能力

将数学思维融于交叉学科知识的学习运用中，将纷繁的自然/社会现象数字化、模型化，用直观、简洁的模型语言进行展现和预测有助于其推广延伸，这充分体现了数学思维在人才培养方面的重要地位。"i数创"大学生数学与交叉学科创新各项目小组充分展示了数学训练对于本科生分析能力、推理能力、抽象能力的提升作用（图2至图5）。例如，以"优秀"成绩结项的"面向化工应用的高分辨率图像处理和模式识别研究"小组表示，他们针对实际工程问题学习了相关图像识别算法，并且借助先进数值模拟技术，以OCR图像识别技术为基点，在导师团队运用COMSOL与Multiphysics等相关软件进行化工降膜数值模拟的基础上，提出了一种利用MATLAB高效准确地识别相关化工仿真过程图像

的方法。此次活动成果为未来识别更加复杂多样的化工高分辨率图像奠定了良好的基础，为此后解决此类问题提供了一个合理、简单的解决方案。

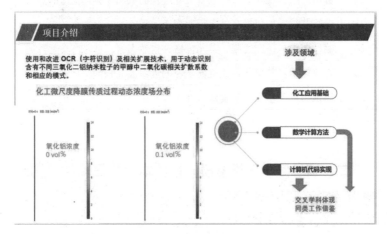

图2　"面向化工应用的高分辨率图像处理

和模式识别研究"成果展示

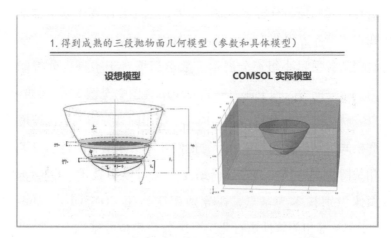

图3　"新型抛物面离子集成陷阱设计"成果展示

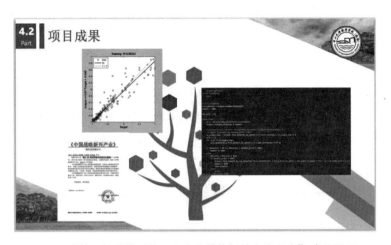

图4 "基于数学模型的民宿定价最优解的查询程序"成果展示

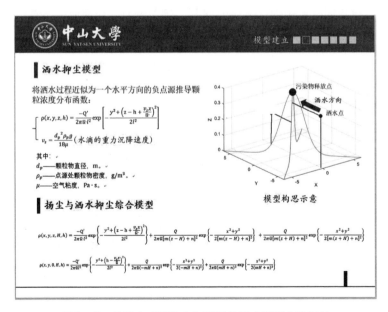

图5 "工地扬尘对周边空气质量的影响及洒水治理的

效果探究"成果展示

三、培育卓越数学人才，满足国家及社会战略人才需要

2019 年 7 月，科技部、教育部、中国科学院、自然科学基金委联合印发的《关于加强数学科学研究工作方案》指出：数学已成为航空航天、国防安全、生物医药、信息、能源、海洋、人工智能、先进制造等领域不可或缺的重要支撑。"i 数创"大学生数学与交叉学科创新项目鼓励中山大学本科生在校期间，积极运用数学知识和数学思维对所学学科深化认识，善于使用数学逻辑探索问题本质，用数学的思维或计算的方法解决不同学科中的部分研究问题，建立模型，合理地提出新思想和新方法。"i 数创"与数学学院的第一课堂共同培育卓越的数学人才，为中山大学的人才培养工作增添"数学的力量"。

撰稿人：裴丹

天 文 学 社

——让更多人了解星空，爱上天文

天文学社（以下简称"学社"）成立于2002年，现由中山大学物理与天文学院指导，依托中山大学天文系的专业支撑，致力于为天文爱好者提供交流平台，培养学科人才。学社自2016年起承办了三届华南地区天文竞赛，自成立以来共培养了400余名学生骨干。

一、社课＋学术沙龙，提升社员理论水平

社课是天文学社组织开展的传统天文知识讲座，每两周开展一次，是社员们学习理论知识、锻炼能力的主要途径。每次社课，社员提前选定主题，自行查阅资料，开展学习讨论，精心准备讲稿、制作PPT，并展示学习成果（图1）。从2019年秋季学期开始，学社在社课的基础上组织开展学术沙龙。沙龙提前一周公布研讨题目，所有参加成员自行搜集资料，并在沙龙上讨论与交流。社课和学术沙龙互相补充，搭建了天文爱好者的学习交流平台，营造了高效互动的学术氛围，提升了社员们的自主学习能力和沟通表达能力。

图1 天文学社社课

二、组装培训+实训，夯实社员实践基础

天文学是一门理论与实践相结合的学科。但是天文观测的门槛较高，即使是做业余观测，对于没有经验的社员来说，正确使用望远镜和辨认星空都是很大的难题。为了解决这个问题，天文学社制定了两步实战训练方法。第一步，定期举办器材组装培训（图2）。由器材部组织社员实地组装天文观测设备。社员结合社课上学习到的望远镜知识，亲手操作望远镜，熟悉组装、调试等流程。经过一个学期的培训，大部分社员能初步掌握简单器材的使用方法，可以组装并使用较为复杂的业余观测设备，为以后成功举办观测活动打下坚实的基础。第二

步，安排观测实训（图3）。日常观星活动满足了社员对天文观测的渴望，让社员感受到星空之美。

图2　器材部进行器材组装培训

图3　天文学社社员现场使用手机拍摄的月球

三、线上线下相结合，创新开展科普活动

天文学社利用微信公众号平台，每年推送 30 余篇科普文章。除此之外，学社每月推送天象预告，预告未来一个月将会发生的特殊天象，为天文爱好者提供观测目标。线下举办观测活动，向广大天文爱好者宣传天文知识。随着互联网科技的发展，远程天文台逐渐进入人们的视野，业余天文观测也因此摆脱了地域的束缚。学社敏锐地抓住合理使用远程天文台的机会，大大减小了气象的束缚，极大丰富了线下活动的内容。学社主动联系云南远程天文台，学习远程天文台的操作方法，开拓了新的校园天文观测模式。在创新活动现场，天文摄影操作展示突破了以往"肉眼观星"的传统，观测的对象更加丰富，观测到的内容也更加震撼，更大程度地展示了天文的魅力。学社在夏季组织"雾夜观星天文观测周"活动，包括夜间观测和太阳观测；在冬季组织"逐日摘星记"观测活动，2019 年11 月首次尝试连线远程天文台进行观测与现场天文摄影展示。除此之外，学社还举行特殊天象观测活动，如 2019 年 12 月组织了双子座流星雨观测活动。在观测活动中，学社精心设计具有创意、具有互动性的游戏，如用刮画板手绘星图、做题猜天体等，让更多学生了解天文、认识天文、爱上天文（图 4 至图 6）。

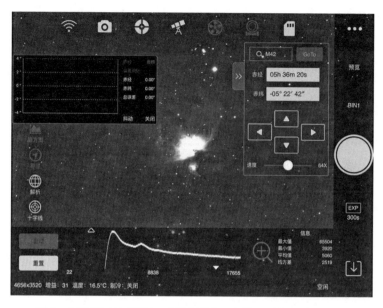

图4 ASIAIR（控制器）+CF90APO（主镜）拍摄猎户座星云

图5 天文学社社员使用远程天文台

图6　处理中的 IC1805（心脏）星云

撰稿：胡哲程、陈紫欣

风云学术中心

——加强学术引领，营造优良学风

风云学术中心（以下简称"学术中心"）在中山大学大气科学学院专业教师团队的指导下，致力于为本科生提供丰富的科研机会，搭建从学习到研究、从知识到实践的平台。围绕本科生研究性学习、气象日系列活动、天气预报分析大赛等具有学科特色的活动，学术中心努力将科研实践与趣味活动结合起来，培养学生的学科兴趣、科研素养和创新能力，努力推动第一课堂与第二课堂的相互融合，营造"学在中大、追求卓越"的优良学风。

一、加强专业教师的思想引领、价值引领和学术引领，将科研素质的培养贯穿本科教育全过程

风云学术中心通过开展本科生研究性学习活动，以一位导师指导一个团队开展一项科学研究的模式，帮助本科生建立科研思维、培养科研素养。该活动主要面向中山大学大二、大三学生开展，时间跨度从每年10月延续到次年5月，包含从立项申请、中期报告、结题报告到答辩的完整过程，让学生提前

获得从联系导师到论文答辩的完整体验。在活动过程中，每位导师根据学生团队选择的课题有针对性地提供专业指导。

截至 2020 年 12 月，该活动已成功举办四届，每届活动的指导教师都超过 30 人，共吸引了 400 多名来自不同院系的学生报名参加。参与的学生普遍反映收获了研究方法、电脑编程、论文书写等方面的知识与技能，为日后升学深造夯实了基础（图 1）。

图 1　本科生研究性学习

二、开展气象日主题系列活动，推动第二课堂与第一课堂的融合

每年3月23日是世界气象日，风云学术中心以世界气象日为契机，开展"风云集"科普征文活动、风云摄影展、学术讲座、主题DIY实践活动等一系列丰富的线上、线下活动，让中大学子将目光投向大气与我们赖以生存的自然环境，在实践中培养学生的科学热情与社会担当。其中，"风云集"科普征文活动鼓励学生自主学习感兴趣的大气知识，开展学科交叉研究，将思想的火花用科普文章的方式分享给广大师生；风云摄影展面向学生征集摄影作品，让学生在快门与光影之间感受大气之美；学术讲座通过邀请学科教师，联系气象日主题进行学科前沿分享，帮助学生拓宽学科视野（图2）；主题DIY实践活动让学生们动手制作各种大气科学相关的小装置，在天气瓶的制作中了解气象预测的历史变迁，在简易净水器的制作中体会水资源的珍贵（图3）。一系列实践活动弥补了传统第一课堂课外学习与实践机会的不足，进一步培养了学生的学科兴趣和科学素养，促进学生将学科热情转化为学习成长的动力。

图2 气象日主题学术讲座活动

图3 气象日主题 DIY 实践活动

三、举行天气预报分析大赛等专业赛事，强化学科优势，营造优良校风学风

风云学术中心举办天气预报分析大赛，采用"讲座＋比赛"的方式进行。学术中心邀请大气学科学院专业教师和珠海市气象局专业人士做实操技能讲座，提供专业赛题指导。在天气预报的分析大赛中，由低年级（大一、大二年级）与高年级（大三、大四年级）学生组合参赛，在大赛中身临其境地感受专业预报员的工作方式与工作需求，用活泼生动的形式，为低年级学生提供了提前接触天气分析、动力气象学等天气分析理论课程内容的机会，增进其专业学习兴趣，同时也给高年级同学提供了展示预报能力的平台。天气预报分析大赛让比赛选手有学习与实践的同步转化过程，其全真模拟的比赛内容和形式，促使学生逐步将专业变成兴趣，将兴趣变成职业（图4）。学术中心通过天气预报分析大赛选拔了一批优秀学生，代表中山大学参加全国性天气预报分析大赛，与全国各高校的气象学子同台竞技，获得了喜人佳绩。

图4　天气预报分析大赛

撰稿人：利佳瑶、梁凯昕

海精灵协会

——传播专业知识，保护海洋家园

海精灵协会（以下简称"协会"）积极践行习近平总书记"关心海洋、认识海洋、经略海洋"的号召，紧紧围绕人才培养目标，围绕"还大海以歌声、筑生命之家园"的宗旨，在中山大学海洋科学学院指导下，在广东珠江口中华白海豚国家级自然保护区管理局的支持和帮助下，依据海洋科学专业知识，开展了一系列以保护海洋生态环境及国家一级保护动物中华白海豚为主题的调研、义教和科普活动。除了中山大学校园，协会还走进了珠海多个社区和中小学校，将线下活动与线上宣传结合起来，为增进民众对保护海洋、爱护环境的认识，服务地方社会经济发展作出积极的贡献。

一、走出校园开展调研，在实践中领悟科学理论

海精灵协会自 2017 年起，于每年 3—5 月举办海精灵·海洋调研大赛。调研大赛通过线上与线下结合的形式，以初赛设计调研策划书，复赛细化调研策划书、完成调研报告，决赛展示调研成果的方式，为广大师生提供一个发现、调查、交流海

洋问题和专业知识的平台。调研大赛将学术与公益结合起来，通过调研实践和项目评比，使大学生们通过研究海洋问题、参与调查，深入了解和探索海洋相关领域的问题，调研范围涉及与海洋相关的环境科学、经济金融、人文社科、生物科学等多个领域，主题新颖，方案具有很强的实践性，调研结果也对实际生产生活具有一定的指导意义。在2017—2019年的调研大赛中，共有来自60多个参赛小组的200余位学生参加，参赛者遍布珠海校区各个院系，更有其他校区的学生参赛（图1）。

图1 海精灵·海洋调研大赛决赛调研成果展示及答辩

二、走进小学开展义教课堂，把所学知识转化为育人教案

海精灵协会自 2017 年起，与珠海市香洲区第十八小学结对合作，每年面向三至六年级小学生开展多期义教活动。协会邀请海洋科学学院专任教师提供专业知识指导，邀请香洲区第十八小学的授课教师提供课程教学指导，开发了"贝壳课堂""珊瑚课堂"等多个系列的教学方案。义教活动通过课堂教学、视频图片展播、游戏等多种方式，向小学生介绍各种海洋生物的分类、结构、生长过程、生存环境和经济价值等基本知识，并讲解人类活动、海洋污染对海洋生物造成的影响，获得了较好的教育宣传效果。同时，协会的志愿者们在参加培训和进行授课的过程中，也学习到有关海洋生物与环境保护的专业知识，并掌握了一定的授课技能。义教活动每学期开展三次，除珠海市香洲区第十八小学外，还包括广州市番禺区珊瑚湾畔小学、广州市番禺区东城小学等学校（图 2、图 3）。活动开展 3 年以来，服务学生超过 1300 人次，培训授课志愿者 120 余人次。

图2　海精灵协会在广州市番禺区东城小学开展

"贝壳课堂"义教活动

图3　海精灵协会在珠海市香洲区第十八小学开展

"珊瑚课堂"义教活动

三、走向社会开展科普宣传，让更多的人加入保护海洋的队伍

海精灵协会定期组织社团成员及志愿者代表前往位于淇澳岛的广东珠江口中华白海豚国家级自然保护区管理局，在管理局工作人员的带领下，参观保护区的救助设施和展览馆（图4），乘坐管理局船只前往中华白海豚栖息地进行实地的观察和学习（图5）。活动结束后，志愿者代表制作分享专栏，在海精灵协会微信公众号进行科普宣传。在管理局的支持下，协会定期在协会微信公众号上推出海洋环境保护相关的科普文

图4 海精灵协会成员参观广东珠江口中华白海豚
国家级自然保护区管理局展览馆

章。协会的活动为希望参与白海豚保护的中大学子提供了一个了解白海豚的专业平台，促进了中大学子与保护区专业工作人员的沟通与交流，拓宽了他们的视野。科普宣传专栏吸引了更多同样关注海洋保护的人群，加强了协会与其他学校同类社团的交流，使更多人开始关注中华白海豚的生存状况与海洋生态环境的质量。

图5　海精灵协会成员在广东珠江口中华白海豚国家级
自然保护区管理局组织下乘船出海观察野生白海豚

撰稿人：林奇琦

宝玉石协会

——打造学习—科研—服务一体化人才培育链条

宝玉石协会（以下简称"协会"）成立于 2006 年，在中山大学地球科学与工程学院党委和教师团队的指导下，秉承专业传播学术、技术服务大众、实践响应创新的宗旨，以激发学生的科研兴趣、培养学生的科研能力为工作目标，以专业技能培训、宝玉石鉴赏科普与业务为主要工作内容，配合地球科学与工程学院营造浓厚的科研氛围。

协会定期组织会员开展技能培训，开放各类科研标本和大型仪器，举办专题知识分享讲座，大大提升了学生对本专业的科研兴趣。当会员具备宝玉石鉴定技能后，又可以将技能运用到协会举办的志愿服务类活动和科研工作中，形成了完整的学习—科研—服务一体化人才培育链条，多届会员在宝石学专业学术期刊上发表论文。经过不懈的努力，协会在稳定学生专业情绪、提升学生专业兴趣、巩固学生专业技能和拓展学生服务意识方面，不断开拓创新，逐步展现学术类学生社团对提升学生学习能力和水平的重要作用。

一、专业教师积极参与，提供强有力支撑

宝玉石协会的成立，始于地球科学与工程学院宝玉石专家丘志力教授的鼎力支持。协会从成立之日起，就致力于提升学生的专业素养和服务社会的意识。

（一）依靠区域优势，满足地方服务需求

广东是全国宝玉石的集散地，对珠宝玉石评估和鉴定有着稳定的需求，专业技能培训服务方面也有广阔的市场。地球科学与工程学院宝玉石鉴定中心在成立后就积极组建学生社团，招募、培训具备专业技能的学生加入教师科研团队，围绕地方服务需求开展专业技术服务。

（二）专注技能提升，助力孵化专业人才

地质学专业宝玉石方向的研究生在进行理论研究的同时，也迫切需要实践平台。在专业教师支持下，协会定期开展培训活动。在教师团队的指导和帮助下，学生参与高端珠宝玉石鉴定等工作，不仅突破实验室有限标本的限制，还能让学生接触市场，掌握第一手信息。

二、打造第二课堂阵地，与第一课堂有机融合

（一）开展宝玉石免费鉴定和科普教育等工作

宝玉石协会多年承办"宝玉石文化节与宝玉石鉴赏科普

讲座"，为中山大学师生进行珠宝玉石的免费鉴定工作和宝玉石鉴赏科普教育等工作，得到师生的广泛肯定（图1）。

图1　宝玉石协会成员利用所学知识，义务为师生鉴定珠宝

（二）开展内部培训与鉴定

宝玉石协会不断增加内部培训与科普活动的内容，加大培训力度，通过组织学习，培养普通协会成员的专业兴趣，提升其专业技能。协会定期开展专题科研样品实物鉴定培训，提高协会成员的岩矿鉴定能力，包括和田玉、钻石、翡翠、有机宝石等常见珠宝玉石。借助地球科学与工程学院实验室鉴定和丰富的标本资源，协会指导和帮助低年级学生学习使用放大镜、偏光镜等常规宝石学仪器以及超景深显微镜、拉曼光谱仪等大型仪器，掌握样品基础宝石学的性质与专业知识。协会骨干注重在新成员中开展系列岩石、矿物和宝玉石鉴定的培训工作，

帮助新成员尽快熟悉鉴定仪器设备和岩石、矿物标本的鉴定方法，配合低年级专业课程安排，助力第一课堂的效应明显提升（图2、图3）。

图2　宝玉石协会的各类宝玉石标本

图3　实物鉴定教学中，学生直接接触科研材料，利用

各种仪器获知其微观结构、宝石学及矿物学信息

（三）组织外出拓展学习

为了更好地促进协会成员的专业发展，宝玉石协会骨干定期组织市场学习调研，拓展专业视野，助力科研应用。自2018年11月以来，在地球科学与工程学院的支持和专业教师的指导下，协会骨干前往广东深圳、佛山顺德和平洲，以及湖南郴州等地开展调研、学习、鉴赏等工作（图4），并多次随专业教师为部分国家部门和机构开展鉴定估价工作。协会骨干不仅通过拓展训练提升了专业素养和市场敏锐度，还依托协会平台发表了专业学术论文。

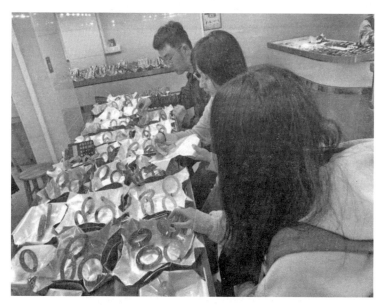

图4　宝玉石协会骨干实地考察佛山平洲翡翠市场，
寻找有科研价值的标本

（四）开展科普与宣传

依托微信公众号平台，宝玉石协会开展线上科普宣传。通过承办地球科学与工程学院的科普教育活动，如负责组织珠海市七中40余名学生参观地学实验室的科普活动，开展线下宣教工作（图5）。

图5 珠海七中的学生在参观地学实验室

撰稿人：张照、叶旭

交通科技协会

——智能小车驰骋创新大路

交通科技协会（以下简称"交协"）是中山大学智能工程学院指导的学术科技类学生社团。在教师团队的指导下，交协将第二课堂科技活动与育人有机结合起来，通过举办学业辅导和学科竞赛，搭建师生和朋辈交流平台，增强学生的逻辑思维、分析能力，培养学生严谨的学术习惯，助力学生的学业发展与升学深造。交协自成立以来，共举办了十一届智能车挑战赛、十一届交通科技大赛以及两期第二课堂活动，多次荣获全国交通科技大赛奖项。

一、开展学业辅导

在智能工程学院的专业教师指导下，针对学生的学习意愿和学科竞赛相关所需，交通科技协会确定学业辅导的专题内容，邀请本学院或其他学院的高年级学生作为朋辈讲解员，每周固定时间讲解学习内容并答疑。同时，交协也为会员提供了可供参考学习的相关书籍和学习资源，由专业教师和交协学术部技术骨干提供技术指导，为会员提供良好的学习氛围。通过举办这样的活动，朋辈讲解员锻炼了口头表达能力，参加辅导的学生提高了学习兴趣和专业学习能力。交协还与学科相关的学术科技类学生社团合作开展活动，如与智能科技协会一起举办无人机特训班（图1）。

图1　无人机特训班成员合影

二、组织智能车挑战赛

除了关于实用软件的学习探讨，交通科技协会还提供智能车的培训和学习，帮助会员储备智能车比赛知识并积累经验。交协利用现有的树莓派小车和学习智能车所需的资料，通过组织会员分组建团拼装小车参与智能车挑战赛，提高他们的学习主动性和积极性，也为智能车学习爱好者们提供了展现自主创新能力和实践能力的平台。智能车挑战赛中，有来自广州多所高校的参赛队伍参加。参赛选手充分发扬了创新和合作精神，采用超声波、红外线等传感技术，展示了较强的程序设计能力，灵活运用红外定位、超声定位、高低频率电路、单片机控制等技术，充分展示了中大学子对智能车的创新思维和动手实践能力（图2至图4）。

图2　智能车培训学习中动手拼装智能车的过程

图3　参加智能车挑战赛的车辆照片

图4 第十一届"金溢杯"智能车挑战赛获奖选手合影

三、举办交通科技大赛

交通科技大赛是中山大学交通科技协会的特色活动之一。会员们自由组队，围绕交通相关的课题，提出创新实用的解决方案。备赛期间，队伍成员们从选题、项目推进安排，到实践考察、模型建立与求解等，都进行详细的组内讨论，遇到前沿的专业性知识或项目推进中的疑难困惑，则向指导教师请教。答辩会上，各支队伍详细、热情地展示自己的研究现状，涌现了多个创新思路与独到的观点。各支队伍与评委教师在课题的研究方法、模型细节以及可行性创新点等方面进行严谨的分析。每次分享之后，评委教师都会作出专业的点评（图5）。比赛胜出队伍代表中山大学参加当年的全国交通科技大赛。近年来，参加比赛的学生人数不断增加，取得了良好的比赛成绩（表1）。

图5 评委教师对参赛队伍的作品进行点评

表1 中山大学历届交通科技大赛获奖情况

获 奖 项 目	获 奖 名 次
基于机动车音频信号的交通状态判别与车型识别系统——Sound Road	全国二等奖
中大声图——基于 GIS 的城市交通噪声模拟与评估系统	全国二等奖
踩压点阵式人数检测装置的研发与应用	全国二等奖
中大跨度桥梁伸缩缝的改进设计方案	全国二等奖
道路交通噪声发布与查询系统	全国二等奖
基于道路音频的分车型的交通流量监测系统	全国二等奖

撰稿人：林麟、熊宸、张洲、冯明健

医志医声学术科普协会

——为新时代医学生强医术、修医德、铸医魂

医志医声学术科普协会（以下简称"协会"）是在中山医学院指导下，以学科竞赛、科研培训、志愿服务等形式专注科普知识、急救培训等内容的学术类学生社团。协会协助中山医学院建立了广州市第一家遗体捐献志愿者服务基地、广州市急救志愿者培训基地、广东省科普教育基地、红十字会急救培训基地等科普和公益平台，荣获广东省 2015—2016 年度"科普工作先进集体"称号、2017 年第五届广东志愿服务铜奖（集体）等，协会成员吴文超、毛璐会获得全国科普讲解大赛奖项，另有多位成员获省级、市级荣誉。

一、练就卓越医术，发展第二课堂平台促进医科专业教育

医志医声学术科普协会依托中山大学医学标本馆，充分利用中山大学附属第一医院、医学图书馆等科普教学资源，采用第二课堂与第一课堂相融合的发展模式，积极开展医科专业讲座、创新科研能力课程、急救知识及技能培训。2019

年以来，邀请《中山大学学报》（医学版）和医学图书馆等单位的专家教授举办了《学科文献检索培训》《医学研究实验设计》《规避科研学术不端行为》等医科专业讲座，提升医学生的学业能力和水平。协会每年联合中山大学附属医院、临床试验中心举办《落日余晖——生命教育临终关怀》系列讲座、CPR 心肺复苏急救技能培训、创伤应急策略急救培训、科普技能培训等专业技能课程，2019 年共举办 36 场，参与培训学生超过 3000 人。这些讲座和培训，成为中山医学院医科早接触临床、早接触科研、早接触社会的"三早"教育模式的有效补充，拓宽了医学生的医学人文视野，有效提升其临床实践技能（图 1）。协会历年成员升学深造率均超过 80%。

图 1 《规避科研学术不端行为》讲座现场

协会开展医学技能与学术竞赛，以赛促学，帮助医学生明确学习目标，提升学习兴趣，拓展学术视野，提高创新创业能力。协会开展的品牌赛事包括急救知识竞赛、北校园公益项目大赛等，各项赛事活动的参与学生都达数百人，已成为中山医学院乃至中山大学最具影响力的专业竞赛活动之一（图2）。近年来，协会推荐的参赛选手，获得全国科普讲解大赛三等奖1名（吴文超）、全国优秀奖1名（毛璐会，图3），广州市科普讲解比赛一等奖2名、二等奖3名、三等奖9名、优秀奖4名。

图2　开展各项医科技能竞赛

图3　毛璐会同学参加全国科普讲解大赛获优秀奖

二、培养高尚医德，坚持理念助力人文教育走向社会

医志医声学术科普协会响应中山医学院的"三早"教育理念，以人文教育促进学业发展，以专业技术回馈社区。协会联合广州金丝带协会，在中山大学附属第一医院长期开展骨科儿童探访活动，每周与芬芳聋儿语训中心合作开展"侧耳倾听"探访项目，共计83次，参与活动的志愿者达800余人，服务对象人数达1200余人。协会重视医学教育的持续发展和对未来优秀医学人才的吸引，积极与广州市越秀区团委、广州市第十六中学团委、三元里中学团委等组织联动，每月开展医学科普进社区（校园）及社区义诊活动，在青年学子、社区居民中科普医学知识与专业技能，倡导健康生活理念，帮助学生树立远大理想（图4）。

图4　医学科普进校园活动——走进中山大学附属中学

三、铸造仁心医魂，结合专业开展生命教育，践行立德树人理念

解剖学课程是医学生专业学习的第一课，致敬"大体老师"是中山大学医学生开始学习解剖学的第一课。医志医声学术科普协会在中山医学院标本馆和人体解剖学教研室教师的指导下，每学年都举行"致敬'大体老师'"仪式，通过庄严宣誓、献花缅怀等做法，将立德树人理念融入医学生的日常教育中。协会联合医学标本馆、人体解剖学实验室，成功举办八届"感恩'大体老师'家属探访活动"，组织志愿者超过800人次，探访并慰问了80余位"大体老师"的家属。此活动获得2014年广州市科技与信息化局立项支持10万元。协会将"大体老师"的动人故事和志愿者的所思所想汇编成册，截至2019年已出版七册，并在2016年入选广东"益苗计划"重点培养项目。以探访"大体老师"家属纪念册为基础申报的

"生命华章"科普项目获 2015 年广州市科技与信息化局立项支持。协会编写的医学人文科普书籍《生命华章——致无语良师的大爱颂歌》已于 2016 年正式出版（图5、图6）。

图5 第八届"生命之光，无私亦无止"探访
"大体老师"家属活动分享会现场

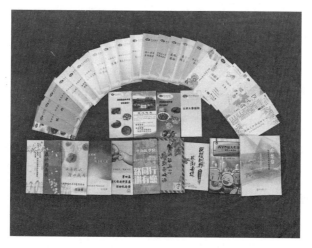

图6 医志医声学术科普协会在中山医学院遗体捐献
办公室指导下参与编纂的历年作品集

撰稿人：黄山、徐达政

科创育才学术协会

——构建科研育人体系，提升学生综合素质

科创育才学术协会（以下简称"协会"）于 2014 年由中山大学光华口腔医学院指导成立，以培养"基础厚实、能力突出、具有国际视野"的口腔医学科学家为基本理念，围绕组建团队、项目培育、科研训练、项目孵化、推荐竞赛五个模式，开展层层递进、螺旋式上升的学生学术能力培养和学术竞赛培育活动。协会致力于构建大学生科研育人体系，融合院系和附属医院的教师和医生资源，有效进行科研启蒙，激发学生科研兴趣，推动形成"学在中大、追求卓越"的良好学术氛围，促进第二课堂与第一课堂相融合，为构建优秀的"学科平台、科研团队"奠定基础。

一、推行"创新人才培养计划"，构建师生学术共同体

科创育才学术协会由日常事务管理部、竞赛部和培训部组成，在团委黎琳老师和国家重大人才计划青年项目入选者陈泽涛研究员的指导下，通过"老师指导，学生自主管理"的方

式开展工作。每年3月，协会学生骨干收集临床研究、科研研究以及科普项目三类导师团队的信息，统一向学生发布，经导师面试和学生兴趣的双向选择，录取本科生科研助理进入导师团队。学生进入导师团队后，进行为期一年的项目培育。为使学生科研活动更加规范和实用，协会给每位本科生科研助理发放《科创育才项目指导手册》。该手册详细记录了历年课题组信息、科研情况、遇到的问题及解决方法、讲座笔记，以及年度导师考核和学生科研考核等内容，促进学生进行学术科研时更加规范化和制度化。光华口腔医学院每年设置15个重点项目和40个一般项目，2017年至2021年5月，共有609位本科生加入72位科研导师团队，覆盖全院70%的本科生和48%的学院导师，其中，本科一年级和二年级的覆盖率达100%。项目的有效开展帮助学生尽早接触科研，激发学生的科研兴趣，参与学术科技竞赛的学生人数逐年增加（图1）。

图1 "创新人才培养计划"师生合照

二、开展科研启蒙课程，夯实深造与职业发展基础

科创育才学术协会于 2016 年开始开展科研方法训练营课程，通过讲座和集中培训对本科生进行科研启蒙，培养学生的科研兴趣，激发学生的创新能力；同时，促进学生了解学科最新进展和发展前景，拓展学生眼界，为其未来深造和职业发展打下坚实的基础（图 2）。讲座活动贯穿本科生大学五年，包含"领导心路""大咖心声""人才心得"三部分，请光华口腔医学院领导、国内外特邀教授和优秀科研工作者介绍学科进展，分享科研心得，进行科研启蒙。集中培训作为口腔科研训练营强大的培养培训平台，针对本科生开展学术科研所需基本技能进行课程设计，内容包括文献检索、医学统计、论文开题、项目结项等方面，覆盖全体参加"创新人才培养计划"的学生。协会召集院系"百人计划"的引进人才、博士生导师组成教师团队，开设科研方法训练课程并编写讲义，提升学生的科研能力。在协会的反馈与协助下，光华口腔医学院将科研启蒙整合成"口腔基础研究导论"必修课，编辑了配套的人卫版课程教材，实现第二课堂对第一课堂的主动融合（图3、图 4）。

图2 科研训练营之科研启蒙课程授课

图3 科研方法训练营课程学生指导手册和讲义

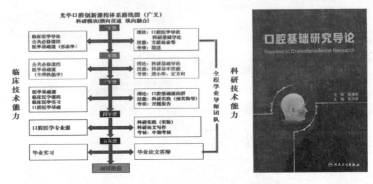

图4 课程体系及教材

三、组织"科研训练竞赛",展示师生科研合作成果

科创育才学术协会每年组织开展光华口腔医学院本科生科研项目设计大赛和光华口腔医学院本科生科研成果壁报比赛,促进对本科生创新意识、创新精神、动手能力和实践能力的培养,营造崇尚学术的科研氛围,为师生提供科研合作和成果展示的平台。本科生科研项目设计大赛以培养具有实践精神和创新能力的医学人才为目标,在专业教师的指导下选拔有科研潜力的学生参与科研活动,聚焦学术前沿问题。大赛经答辩,对10~12个项目进行立项并资助研究,项目成员以一年为期提交结项报告。本科生科研成果壁报比赛面向全院本科生开展,旨在为学生提供交流展示平台。学生通过比赛,可以分享科研成果、提升展示技能。比赛历时近一个月,向参与项目的学生征集科研成果,由专业教师评审出涵盖临床病例、干细胞和再

生医学、肿瘤生物学及教学等方向的 10 个优秀作品入围决赛。比赛有助于帮助学生检查科研项目的实施进程和效果，为遴选优秀项目参加更高层次的学生学术竞赛打下基础。

协会促进第一课堂与第二课堂相融合，以系统化科研启蒙和专业化科研培养助推学生学术能力的提升。2015—2018 年，光华口腔医学院本科生平均升学率达 80.2%，本科生发表 SCI 论文 3 篇、高水平论文 10 篇。2016—2018 年，光华口腔医学院本科生获得"挑战杯"大学生课外学术科技竞赛校级一等奖、省级一等奖、全国三等奖（图 5）；入选"大学生创新创业训练项目"创新项目国家级 17 项、省级 13 项，创业项目国家级 1 项；获得"广东省大学生攀登项目"重点项目 3 项、一般项目 5 项；获得专利成果 2 项；出版《口腔病例图谱》一书。

图 5　本科生获得"挑战杯"广东大学生课外学术科技竞赛
一等奖的作品及参赛现场留影

撰稿：黎琳、陈泽涛、陈柳池

医科普协会

——打造"三有"医学科普

医科普协会（以下简称"协会"）以"科普医学知识，服务师生大众"为宗旨，立足专业知识，做有趣味、有态度、有温度的"三有"医学知识科普。协会在中山大学医学院的指导下，以课堂医学理论知识为基础，将第二课堂与第一课堂有机融合，将线上推文宣传和线下校园社区志愿服务结合起来，打造公益志愿精品项目，为中山大学师生和社会大众科普生活中常用的医学知识。

一、立足专业知识，做有趣味的科普

科普医学知识是医科普协会的立足之本。协会致力于将医学专业知识与日常生活所需相结合，重点挖掘常见病、常见误区以及保健养生等领域，如高血压、糖尿病；同时，充分利用微信公众号、微博两大新媒体的传播优势，以文章、漫画、图片、视频等多种形式，结合时事热点、季节时令等进行系列主题科普宣传，将晦涩难懂的医学知识生活化、通俗化，增强其趣味性，帮助大家轻松掌握常用医学知识。协会"布莱德

（Blood）的日记"系列科普推送，以一个拟人化的血细胞"布莱德"的口吻，讲述血源从离开献血者到医院的制备储藏、再到输入受血者的过程。协会创作原创漫画人物"楠"（图1），打造协会形象代言人，创作系列宣传推送和制作如钥匙扣、纪念章等周边文创作品，提高科普的趣味性，让更多的人在轻松愉悦的环境下学习、了解更多的医学知识。此外，协会还在夏季为社区居民带去以"防蚊防暑　健康生活"为主题的科普活动，在新生入学时讲解看病转诊流程等相关医保知识，在抗击新冠肺炎疫情过程中向广大师生科普疫情防控知识。

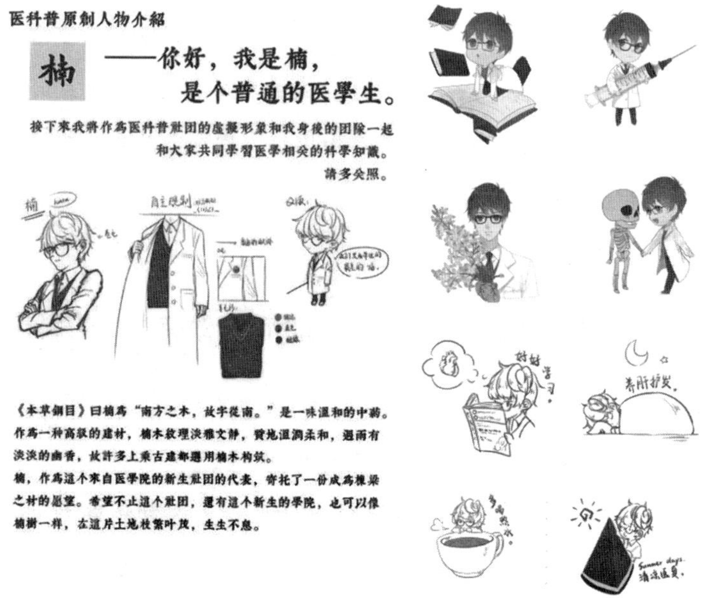

图1　医科普原创人物"楠"

二、组建专业团队，做有态度的科普

作为科普医学知识的学术类学生社团，最重要的是科学严谨、认真细致地对待医学知识。为了做有态度的科普，医科普协会自成立以来就不断加强内部队伍建设，努力打造一支由教师和学生组成的专业团队。协会聘请了中山大学"百人计划"引进人才、中山医学院院长助理、教职工第一党支部书记潘纪安教授担任协会业务指导教师，负责统筹指导日常科普项目，确保项目开展的规范性、专业性。协会的指导教师还包括中山大学医科院系专业教师、附属医院临床医生。针对特定的主题科普，协会邀请相应专业的临床医生提供学术指导，确保宣传内容严谨正确。协会由医学院团委书记、本科生第二党支部书记陈秋敏老师担任行政指导教师，负责统筹协调线下活动开展及线上推送审核等工作。协会学生负责人由医学院高年级优秀本科生担任。通过不断完善协会组织架构、合理分工，有序推进项目开展。

三、打造公益志愿服务精品活动，做有温度的科普

关注人民健康，积极参与公益志愿服务，是医科普协会的重要活动。在校园里，协会加强与药学、医学等专业的兄弟院系合作，开展"三下乡""旧药换新药""中医文化宣传"等相关活动。在社区中，协会与广州医药有限公司、长洲岛社区等长期合作，在科普内容中融入游戏问答、要点解读、模型实操、问卷调查等多种形式，寓教于乐、寓学于趣。2019年，

协会先后组织或参与长洲岛"社区服务日"活动、"读懂心，守护心"心血管科普活动、"秋冬换季疾病"专题活动和中山大学附属中学家庭急救常识科普活动。实用、简单、易操作的科普介绍吸引了社区群众的广泛参与，提高了他们对日常医学的关注和认识。为此，协会受到了当地居委会和居民的一致肯定和表扬。助人者自助，育人也育己。医学科普不仅让老百姓认识了医学，更让协会的医学生重新认识了医学。科普志愿服务活动也是一个医学人文教育的过程，不但强调专业知识技能和科学精神培养，而且特别注重人文修养和健全人格的养成（图2至图4）。

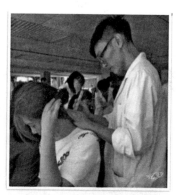

图2　与广州中医药大学联合举办中医宣传活动

图3　长洲岛系列科普活动

图4　"医药同心健康行"汕头"三下乡"志愿活动

撰稿：杨萱瑾

体适能协会

——共结伴、齐运动、健体魄

体适能协会（以下简称"协会"）秉承"共结伴、齐运动、健体魄"的宗旨，致力于在中山大学推广跳绳和跑步这两项全民健身运动，多举措打造校园精品体育活动，促进学生形成健康的生活方式，提高身体素质。协会精心安排会员每日活动内容，指导和帮助会员养成坚持运动的良好习惯；每年组织多项面向全校的大型体育赛事和主题活动，为全校师生提供跳绳和跑步运动的交流平台。根据国务院《"健康中国2030"规划纲要》的指导意见，协会充分发掘跳绳项目的应用潜能，并结合中山大学丰富的医疗资源，创新性地举办了"体医融合，健康管理"活动。

一、科学安排会员日常活动，帮助学生养成健康运动习惯

《国务院办公厅关于印发体育强国建设纲要的通知》（国办发〔2019〕40号）指出，要"广泛开展全民健身活动。坚持以人民健康为中心，制定并实施全民健身计划，普及科

学健身知识和健身方法"。跳绳和跑步运动简单易学，对场地和器材要求也不高，具有良好的群众基础。习惯的养成需要一个过程，体适能协会充分发挥跳绳和跑步运动的优势，根据"从基础到高级，从兴趣到习惯"的思路，精心设计会员活动内容，通过科学安排会员日常活动，帮助会员度过"习惯养成"这一过程。初期主要安排简单的耐力训练和基础动作练习，并注重形式上的趣味性；中后期将趣味性与技术性结合起来，定期邀请校队成员前来教学，采用组队跑、线上打卡、开展主题活动等激励措施，将会员的运动兴趣转换为运动习惯（图1）。

图1　会员日常活动之"跑出新心跳"主题活动

二、精心打造"康乐杯"跳绳锦标赛，引导学生感受竞技体育的魅力

"康乐杯"跳绳锦标赛是校级体育赛事"康乐杯"系列赛事中唯一一个一年两赛的项目。每个赛季的赛事皆涵盖单人速度、单人花式、团体赛等多种项目类型，综合考验学生的协调力、体力、爆发力和团队间的配合度（图2、图3）。比赛参考全国跳绳联赛的赛事规范，确保比赛的专业性和规范性。体适能协会通过不同校区会员的紧密配合，不断优化比赛设置与流程，竭力为更多学生提供参与大型体育赛事的机会。每年参赛人数不断增加，2019年参赛学生人数达9000人，成为学生参与人数最多的体育赛事之一。除了赛前宣传，比赛过程中也注重对跳绳项目的宣传，线下向参赛同学推广花样跳绳项目及

图2　2019年"康乐杯"跳绳锦标赛比赛现场

国内外最新竞技跳绳赛事，激发他们对跳绳的热情和潜能，为广大师生提供一个全校性的跳绳运动交流平台。同时，比赛还根据成绩选拔优秀选手进入中山大学跳绳队。经过系统的培养后择优参加全国比赛，为校争光。

图3 "康乐杯"跳绳锦标赛之十人八字长绳项目比赛现场

三、创新性举办体医融合项目，推动学生形成健康生活方式

在中山大学的支持下，体适能协会紧紧围绕促进学生身体健康素质的目标，在不断总结跳绳项目的经验基础上充分发掘跳绳项目的应用潜能，结合中山大学医疗资源丰富的特点，创新性地提出了"体医融合，健康管理"项目。该项目是贯彻国务院《"健康中国2030"规划纲要》，加强体医融合和非医

疗健康干预促进青少年体质健康的一次有益尝试,在 2019 年被评选为"中山大学体育精品项目"。该项目将体育与医疗结合起来,通过医疗检测、智能运动器材、健康饮食 APP 等多种手段的运用,尝试开发一种新的引导中大学子健康生活的模式,宣传健康生活理念,促进学生养成健康生活习惯。协会通过建立合理、成熟的食堂菜品收集方式和定制健康饮食 APP,让中大学子可以实时记录饮食摄入与运动消耗。学生志愿者在医院专业的体质检测和监测下,获得定制的个性化健康饮食和运动指导方案。专业医生、专业教师将科学健康的饮食方式、运动知识和技能通过教育实践传授给学生。最后,在一定周期的运动、饮食干预后,再次进行医疗检测,探索通过加强运动(跳绳)、规范饮食、健康睡眠等措施提高学生身体健康素质模式的有效性、可行性和可推广性。"体医融合,健康管理"项目让学生学会科学有效的自我管理,为自己的身心健康保驾护航。

撰稿:明应安

船 艇 社

——塑造强健体魄，磨炼钢铁意志

船艇社是以龙舟、赛艇、皮划艇等项目为主的体育类学生社团。建社以来，船艇社积极实践"塑造强健体魄，体验团队协作，感受快乐体育"的育人理念，将社团建设融入学校人才培养工作，积极营造良好的运动氛围。通过以竞赛带训练、校队带社团的方式，船艇社以优为榜，举办校内比赛和校内外交流，不断增强学生的体质，培养学生的集体主义和顽强拼搏精神。

一、采用校队、社团和院系融合互动的运行模式，实现协同发展

水上运动是中山大学面向全体学生重点发展的群众体育和品牌竞赛项目，船艇社自设立之初就明确提出"课内外一体化发展、群体与竞技并重"的发展思路。中山大学运动队、学生社团和院系共同构成了课外水上运动的主体，同步建设、融合发展。校队成员带社团成员的方式，既激发了每个成员的参与热情，又让校队成员发挥朋辈互助作用"以老带新"，为

新队员入队训练打牢基础。同时，对达到一定标准的船艇社成员实施全方位的考核，选拔进入校队。通过这种方式，船艇社得到了发展的活力，而中山大学的运动队也能够通过船艇社的大平台源源不断地补充新鲜血液，两者相辅相成，共同发展。近年来，中山大学龙舟队、皮划艇队和赛艇队在各级各类赛事中不断取得佳绩（表1、图1、图2），已成为国内高校中颇具竞争力的强队，也是每个船艇社成员都向往加入的团体。

表1 2017—2019年船艇社成员获奖统计

年份	赛事名称	冠军	亚军	季军	第四至八名
2017	第二届全国大学生皮划艇锦标赛	1	0	1	2
2018	第三届全国大学生皮划艇锦标赛	1	4	0	4
2018	第七届全国大学生龙舟锦标赛	0	0	1	2
2018	国际名校龙舟赛（东海站和赤峰站）	0	1	2	1
2019	国际名校龙舟赛（东海站）	0	0	1	1
2019	第四届全国大学生皮划艇锦标赛	4	4	1	4
2019	全国赛艇大师赛（绍兴站）大学生组	1	0	0	0
2019	全国第二届青年运动会赛艇决赛	0	0	0	1

图1　计算机学院2015级本科生于海获得第二届全国大学生
皮划艇锦标赛男子单人皮划艇10公里金牌

图2　电子与信息工程学院2016级本科生许晓灿获得第三届
全国大学生皮划艇锦标赛男子单人皮划艇500米金牌

二、积极开展校内活动，吸引学生广泛参与

对大学生来说，水上运动具有较强的新鲜感和吸引力。船

艇社充分利用中山大学的资源和校队技术力量，面向全校教职工与学生大力推广水上运动体验活动，打牢群众基础，在吸引参与者的同时，为高水平比赛打下坚实的后备人才基础。在竞争的环境下，体验活动促进了学生的个人能力发展、磨炼了他们的钢铁意志。2019 年，中山大学"康乐杯"龙舟赛单日参赛人数超过 1000 人，创历史新高（表2、图3）。

表2　2015—2019 年中山大学龙舟赛参赛统计

年　份	参赛院系 （个）	参赛队伍 （个）	参赛人数 （人）
2015	14	22	330
2016	13	41	533
2017	13	38	494
2018	16	40	509
2019	28	79	1050

图3　中山大学—华中科技大学龙舟友谊赛

不少船艇社成员在毕业后成为行业精英。他们认为，在校期间参与船艇运动培养了自己的领导能力、团队合作能力，以及奋力拼搏、同舟共济的精神。一名来自贫困山区的学生参加了船艇社后说道："划船运动是力与美、动与静的完美结合，考验的是一桨一桨的坚持；这份坚持带来自信，让我不再是那个黯然自卑的少年；让我体会到了同舟共济的真正含义……如果再来一次，我一定还会义无反顾地陪伴着这个队伍一起成长。"

三、聚焦学生综合素质，让社团成员拥有强壮体格和坚强意志

船艇运动对参与者的体能和技术有着极高要求，船艇社的日常活动始终围绕项目特点，强调力量、耐力和技术训练。周一到周五组织力量和专项训练，在早晨进行水上训练；周末则全天训练。高密度和高强度的训练不仅让成员们获得强健的体魄，锻铸了坚强的意志，同时还培养了他们的自我管理能力（图4、图5）。

图4　社团成员日常训练　　　　图5　暴雨中收船

四、积极参加校（国）际交流，做学校的宣传使者

在中山大学的大力支持下，船艇社积极践行"走出去、请进来"的理念，组织和参加各类水上运动校际交流和竞赛。场上，是技战术的交流；场下，是项目在各自学校的发展情况与发展经验的交流，彼此间的友谊也因此不断加深。船艇社积极借鉴水上运动发展较为成熟的浙江大学、厦门大学等高校的建设经验，结合中山大学实际，制定适合自己的发展路线。近几年来，中山大学先后邀请了华中科技大学、南京大学、厦门大学等国内一流高校前来交流，互学互鉴。积极走出去，船艇社组队参加国家（际）级的赛事活动，通过赛场展示、赛后交流、媒体互动等形式，成为中山大学的形象大使。这些经历对于每个船艇社成员来说，都是宝贵的成长财富（图6、图7）。

图6　2019年全国赛艇大师赛绍兴站大学生组颁奖仪式

图7　2019 年广州国际龙舟赛大学生组奖杯

（男队获冠军，女队获第五名）

撰稿：赵云雷

排 球 协 会

——创新与培养并行，弘扬体育精神

排球协会积极响应习近平总书记"体育承载着国家强盛、民族振兴的梦想"的号召，以"普及学生排球运动，搭建排球爱好者平台"为宗旨，以"形式创新"与"人才培养"两个发力点，普及排球运动和排球精神，举办一系列群众赛事，如"阳月杯"排球邀请赛、"中珠排球联赛"，帮助中大学子增强体质、健全人格、锤炼意志、促进团结。

一、形式创新，增强活动趣味性，提高学生参与度

习近平总书记深刻指出，全民运动是全体人民增强体魄、健康生活的基础和保障，人民身体健康是全面建成小康社会的重要内涵。为达到全民运动的目标，排球协会在保持体育专业性的同时，因地制宜地将趣味性、群众性融入排球比赛，对排球比赛的形式和规则进行一定的创新。在中山大学"康乐杯"排球赛一院一队的严格规则之外，于每年4—5月举办"阳月杯"排球邀请赛。参赛人员自由组队，不限年级、不限性别，甚至可以邀请校外的排球爱好者、校内高水平排球运动员充当

外援。两种形式的比赛相得益彰，互相补充（图1）。

图1　中山大学2019年"康乐杯"学生体育赛事之排球联赛总决赛

二、注重管理，培养高素质裁判队伍，增强成员专业性

社团建设的落脚点是人才培养。建设一支优秀的管理骨干和裁判队伍，对于社团的可持续发展非常重要。排球协会不断建立健全章程制度建设和完善组织架构，协会内部成员分工明确、相互协调。协会举办或承办的每一次排球赛，都是对全体成员的统筹管理能力的考核与提升。在教师的指导下，协会学生骨干分工协作，包括：制定规程，召开会议，监督流程；联络参赛队伍，跟进院系报名；宣传赛事，公布规则，扩大影响；制定赛程，招募和培训裁判人员；安排场地，培训组织秩

序人员；等等。

协会追求严谨客观的裁判精神，把握每一个培养高水平裁判的机会。2019年，协会曾派出一批优秀的学生裁判代表参加广东省排球协会和广东省学生体育艺术联合会联合主办的排球、气排球二级裁判员培训。通过刻苦认真学习，参训成员全部考证成功。经过培训的高水平学生裁判后续又在比赛工作中将标准的裁判知识传递给其他成员，传承严谨公正的裁判精神（图2）。

图2　2019年排球协会骨干参加裁判员培训结业合照

三、立德树人，弘扬体育精神，发挥育人作用

排球协会在举办赛事之余，时常组织培训、友谊赛和团队建设活动。协会成员在日常相处中收获了珍贵的友谊，在激烈比赛中实践顽强奋斗、勇敢拼搏的女排精神，在深入探讨中把

弘扬体育精神与培育践行社会主义核心价值观紧密结合起来。在排球协会，体育精神、奋斗精神不断传承、不断发展，激励一代代排协人团结奋进，"让体育强国梦与中国梦紧密相连"。

撰稿：张淼

武 术 协 会

——传承民族体育，发扬中华体育精神

1982 年，武术协会（以下简称"武协"）传承近代中大人强国保种的尚武精神，乘改革开放的东风而成立。武协服务各校园数千名师生习武健身，支持校级运动队的发展，是中山大学最具民族传统的体育社团。近年来，武协秉持"能健身、能表演、能比赛、能弘扬、能传承"的宗旨，以套路表演、太极、健身气功、醒狮、咏春、散打等武术项目为主要内容，协调发展竞技武术和群众武术建设综合性校园武术文化，做到"创特色、强体质、益终身"，为培养高素质人才奠定坚实的健康基础。

一、建立完整的管理与训练体系，凝聚会员发展共识，提升训练质量

2017 年以来，武术协会积极推动管理和训练体系改革，统一协调各校园的活动与资源，遵从"有依据、有流程、有记录、有效率"的管理规范，保障人员、技术和项目传承有序、稳中求进。武协在满足本科低年级学生武术学习兴趣的基础上，致

力于建立以零基础为起点的进阶性训练体系，制定标准化的各项目基本功内容和训练方法，满足本硕博各学历层次学生长期或短期的锻炼需求，为身体素质各异的学生提供有针对性的训练方案，有效提升武协训练质量，培养优秀武术人才（图1）。

图1　协会日常训练

二、开发特色训练与传播项目，满足师生武术需求，丰富育人路径

与其他体育项目相比，武术门槛高、耗时多、见效慢，武术门派众多而武协项目相对单一。为了增强对学生的吸引力，提高成员的参与度，近年来，武协在原有的武术套路表演和散打的基础之上开发了多种特色武术训练项目，例如，太极—推手项目拓展了实战性与互动性，健身气功项目满足了增强体质、身心调理的需求，醒狮项目提供了娱乐性较强的团队合作

平台，咏春项目契合了时代热点和地域特色，等等。除了增加核心训练项目以外，武协还开设太极拳辅导站，帮助选修太极拳课程的学生巩固、提高、备考，举办各种武术项目体验班，满足学生的好奇心和探索欲；联络华南师范大学、陈家沟功夫学校、广东醒狮省级传承人等校外优秀资源，开展专题培训，提升骨干会员的技术水平；组织"康乐杯"传统武术比赛、中国武术段位制初段位考评；举办康乐园太极拳交流会切磋技艺、交流心得、检验成果；在全国大学生篮球赛和排球赛等大型活动的开幕式进行武术表演；开展寻访武协校友活动，协助建立校友武术俱乐部，增进校友感情，拓展协会发展资源；编辑《中大武林（戊戌年）》纪念册；等等。通过开发上述武术训练和传播项目，武协的在册会员、活跃会员、活动参与人次不断增加，对外活动的质量和水平有了大幅度提升，极大地丰富了校园武术文化（图2）。

图2　醒狮部锣鼓训练

三、协调发展竞技与群众武术，实现二者互促共进，共享武术文化魅力

近年来，体育部李小兵、林静波、曾李萍等教师带领武协学生骨干以服务全体师生的武术需求为目标，探索协调竞技武术与群众武术二者关系的合理方案，服务体育强国和健康中国两个大局。2017 年秋季学期开始，武协以太极拳辅导站为平台，实践课内外一体化模式，吸引学生加入武协长期习武，进而培养管理与技术骨干，反哺武协开展群众武术活动，参加各级各类竞技比赛。经过数年努力，目前各校园活跃会员达 100 余人，核心骨干有 50 余人，每学期仅太极辅导站、体验班、晨练等项目服务的学生就超过 1000 人次。目前，中山大学已形成武术队、太极—推手、健身气功、醒狮等四支校级运动队，他们在中国大学生武术锦标赛、广东省大学生运动会、广东省高等院校健身气功比赛等各级各类竞赛中取得了优异成绩。例如，2019 年的全国大学生太极—推手比赛中，中山大学 5 名队员获得了 2 项第一、1 项第二、1 项第三、1 项第五的好成绩，这些队员都是通过太极拳教学班进入武协坚持习武、进而加入校队的。通过"学生—武术协会—校运动队"的双向模式，让更多的零基础学生参与到武术运动之中，武协在繁荣校园武术文化、争夺运动赛场金牌、培养个人综合素质诸方面齐头并进（图3）。

图3 中山大学校友会武术俱乐部成立大会暨2018年"康乐杯"
传统武术锦标赛合影

撰稿：李小兵

游 泳 协 会

——坚持公益培训，服务师生需求

游泳是中山大学的传统优势体育项目。中山大学是最早将游泳设为必修课的高校之一，拥有国内高校唯——支专业游泳队。多年来，游泳队在国内外赛场捷报频传，为中山大学赢得诸多荣誉。中山大学游泳协会（以下简称"泳协"）是有机衔接高水平竞技游泳与普通学生学习游泳提高身体素质的重要纽带。泳协秉持"学工部—院系—社团—学生"的一体化衔接机制，不断创新社团管理模式，以科学的指导方法以及独特的体育文化，进一步丰富了校园生活，助力校园体育运动开创新局面。

一、以培养优秀学生教练人才为抓手，推动校园游泳文化发展

在中山大学体育部的支持下，游泳协会鼓励校队高水平运动员积极参与社团活动，培养学生教练，组建学生教练团队，建立健全学生教练培养体系，严格执教考核标准。一方面，发挥学生教练专项能力突出、对各项游泳技术有着深刻且直观的

研究与认识的优势，为指导普通学生会员和游泳爱好者奠定良好基础；另一方面，运用常年科学的训练与多年的赛场征战积累的宝贵经验，协助泳协制订培训计划、筹备校园赛事。指导教师定期针对安全保护、教学方法、指导技巧、赛事组织、赛事管理等方面，对学生教练进行全面培训，还支持骨干会员参加与游泳相关的资格培训，目前已有数十人相继获得救生员、体能训练师、社会体育指导员、游泳国家二级裁判证书等专业资质认证（表1、表2、图1）。

表1　游泳协会教练运动等级人数

协会教练运动等级	人　数
国际健将	1
健将	5
一级运动员	43
二级运动员	8

表2　游泳协会教练获得各等级资质认证人数

等　级　资　质	人　数
国家游泳二级裁判员	24
国家二级救生员	12
体能训练师	2
社会指导员	8

图1　游泳协会骨干日常训练

二、以开展校内公益游泳培训为重点，服务师生运动需求

游泳协会坚持"推广游泳运动、提高运动技能、服务师生大众"的理念，将校园游泳培训作为重要任务，不断丰富校园体育活动，激发校园运动活力。泳协以学期为单位，根据会员的需求安排阶段性、系统性的训练计划，分为基础培训班、进阶提高班和专业训练班，对会员进行分类指导。除上述会员培训以外，泳协还面向校内不特定的游泳爱好者，在泳池开放时段设立课外辅导站和"开放日"，持续5年为中大学子开展游泳达标考试辅导（图2）。该项目是泳协的品牌活动，

得到了师生们的一致好评。

图2　游泳协会骨干教练刘哲在为中大学子进行教学指导

三、以培养学生意志品质为目标，始终坚持体育育人同文化育人相统一

在培训的过程中，游泳协会建立了完善的人才培养体系，通过校园游泳赛事发掘一批具备潜力代表中山大学出征"阳光组"比赛的学生。仅在2019年，泳协就选拔了13名来自不同院系的学子代表中山大学参加广东省大学生运动会游泳比

赛，并且在比赛中囊括多枚金牌，获得团体总分第一名的桂冠，在全国大学生"阳光组"游泳比赛中也创造了多项游泳记录，并一举拿下男子团体总分第一名的好成绩（图3）。通过长年累月的刻苦训练，泳协的教练、队员互相帮助与鼓励，不仅培养了成员出色的时间规划能力，更为每个人的校园生活增添色彩。泳协骨干成员的专业成绩在其所在培养单位均名列前茅，有7名同学荣获国家奖学金。游泳运动既是他们紧张忙碌的学习生活的调和剂，也是其实现自我突破的助推器。

图3　获广东省第十届大学生运动会游泳比赛甲组团体总分第一名的
中山大学游泳队、泳协骨干、指导教师合照

撰稿：辜标荣

澄 心 琴 社

——弘扬中华美育精神

澄心琴社（以下简称"琴社"）自 2006 年在中山大学创立以来，始终践行"弘扬中华优秀传统文化，传习岭南派古琴艺术"的宗旨，自觉承担"以美育人，以艺化人"的文化使命，以润物细无声的方式陶冶情操、温润心灵。琴社依托中山大学哲学系创建与发展，建社以来培养了大量学习古琴的优秀人才，现有学员 80 余名，品牌活动包括古琴课教学、月末雅集和古琴文化讲座等。琴社重视师资队伍建设，由哲学系罗筱筱教授和冯焕珍教授担任指导教师，琴社成员多次受邀出席和举办古琴音乐会。

一、依托哲学系美学学科，解读当代正确审美观念

美学教育是实施美育的必要条件，澄心琴社依托中山大学哲学系美学学科优势，在学理层面将哲学、美学、传统文化有机融合，将我国优秀传统文化传承的历史语境与时代语境深度结合，为琴社的美育工作提供了坚实的后盾（图 1 至图 3）。指导教师罗筱筱教授专研中国美学，兼任中华美学学会审美文

化委员会副会长，曾主持 2012 年国家社科基金项目"岭南广彩艺术的美学研究"，主持和参与多项传统艺术的复兴与创新项目。指导教师冯焕珍教授专研佛教义学、琴学，担任《岭南琴学丛书》主编，兼任广东古琴研究会副会长、广东省岭南古琴文化研究院理事长。

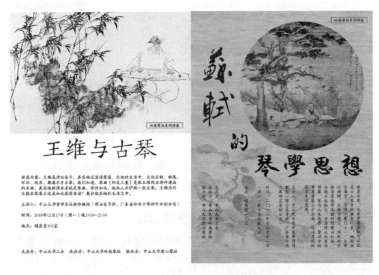

图 1　冯焕珍教授、罗筠筠教授琴学讲座

图 2　叶明媚老师《乐琴书以消忧——古琴与书法》讲座

图3　谢东笑先生《古琴与人文》《琴乐的法度》讲座

二、陶冶高尚的道德情操，培育高远的精神追求

古琴是一种修身养性的艺术。教师们在授课时会讲授古琴七弦十三徽蕴含的中国知识分子修身立业的德性、士大夫对人生哲理持之以恒的追寻，例如，琴乐《怀古》中有不求闻达、抱道自得的淡泊旷达，《阳关三叠》中有依依惜别、千里遄行的情深义重，《潇湘水云》中有壮怀激烈、忧国忧民的黍离之思，等等。学员除习琴修身外，还仿照古时文人吟咏诗文、议论学问，每月末定期举办雅集，以琴会友，以琴论道。古琴课教学与雅集相辅相成，让学员得以沉浸于古琴文化中，熏陶高尚情操，寻得精神追求（图4至图6）。

图4　习琴

图5　澄心琴社学员上台演奏

图6　澄心琴社师生交流琴道

三、培育深厚民族情感，涵养高度文化自信

2014年，习近平总书记在文艺工作座谈会上指出："中华优秀传统文化是中华民族的精神命脉，是涵养社会主义核心价值观的重要源泉，也是我们在世界文化激荡中站稳脚跟的坚实根基。"一方面，澄心琴社"以曲载道"，通过古琴曲中蕴含的报国之志、爱国之情潜移默化地熏陶学员，培育学员深厚的民族情感；另一方面，琴社继承弘扬岭南派古琴艺术，不断发扬古琴之美，将古典艺术引入大学校园，让广大师生感受到中华优秀传统文化的强大魅力，激发青年学子的文化自觉与文化

自信。琴社承担着以文化人、人才培养的使命，是第一课堂与第二课堂融合育人的重要平台，是做好高校美育工作的一大抓手。琴社长期承办哲学系"艺术与人文"系列讲座，也曾与校工会合作开展古琴文化讲座，面向全校师生进行优秀传统文化的通识教育。澄心琴社10余年如一日，通过多样的校园文化形式，把古琴艺术转化为学校美育的丰厚资源，提升大学生的民族认同感和文化自信，让古老的艺术在青年人手中绽放新的光芒（图7、图8）。

图7　澄心琴社在2017年中山大学校庆草地音乐节上表演

图 8　澄心琴社参加 2019 岭南古琴音乐会

撰稿人：李琳玮、李淑怡、张子涵

广 播 台

——打造专业演出策划执行团队，丰富繁荣校园文化

作为校团委指导下的文化艺术类学生社团，中山大学广播台自成立以来，在校党委的领导和团委的指导下，主动承接校园文化艺术活动，丰富和繁荣校园文化，积极发挥学生社团的育人功能。

一、奏响"红色中大"三部曲，助力培育学子家国情怀

中山大学深入挖掘和展现学校历史文化中的红色基因，综合运用合唱、交响乐、戏剧、朗诵、舞蹈等艺术手段，打造"红色中大"三部曲，生动呈现中山大学深厚的历史底蕴，涵养学生的家国情怀。音画诗剧《中山情》自 2016 年以来在新生中全覆盖演出；音乐话剧《笃行》于 2018 年首演，共演出22 场，演职人员达 5000 多人次，获得广泛好评。广播台积极参与《中山情》《笃行》舞台岗位工作，协助负责舞台声光控制、展演策划、后台引导等，利用丰富的舞台经验和专业的执行策划能力，使舞台展现出最美的风采（图 1）。广播台在这

些活动的现场执行过程中，为演出的圆满完成作出积极贡献。

图1　大型音画诗剧《中山情》舞台照

二、培育"校园歌唱者"，营造新时代校园文化氛围

由广播台承办的、面向全体在读学生举办的中山大学维纳斯歌手大赛是中山大学一年一度的大型学生活动，曾荣获"华南地区十佳校园品牌"活动称号。截至 2020 年，中山大学维纳斯歌手大赛已举办三十三届，每年的主题都弘扬、歌唱时代主旋律，如 2019 年的主题是"筑梦"，反映了中华人民共和国成立 70 周年共筑中国梦的时代旋律。维纳斯歌手大赛由各校园比赛和全校总决赛组成。从前期赛规赛制、舞台流程的策划，以及网络宣传、摆台等线上线下宣传，到后期引导参赛单位彩排、各岗位技术联排及现场的跟进执行，维纳斯歌手大赛凝聚了每一个广播台人的认真严谨与精益求精。广播台正是通过在标准化规范流程的基础上每年融入创新创意，成功举办好每一年的维纳斯歌手大赛，挖掘培育了众多优秀的校园歌

手，将中大精神传递给每一位中大人（图2、图3）。

图2　中山大学第三十三届维纳斯歌手大赛总决赛广播台工作人员合照

图3　中山大学维纳斯歌手大赛舞台照

三、打造品牌活动，匠心独运传承中大精神

广播台每年协助举办新生军歌大赛，让新生们尽情展示军训风采。除此之外，广播台连续多年承办的各类学校大型学生品牌活动，如"十九大青年说""抗疫报告会"等，鼓励中大学子追逐梦想、拼搏进取，为活跃校园氛围、繁荣校园文化建

设作出贡献。广播台举办的系列活动向中大学子诠释了"博学、审问、慎思、明辨、笃行"的校训精神，并将这种精神内化为每个人的使命感与责任感，深深烙印在每个中大人心中。活动承载了每一位在读中大学子与中大校友心中的校园情怀与青春记忆，构筑了每一个中大人拼搏向上、奉献家国的精神家园。而广播台成员也在承办活动的过程中拓宽了自己的思维广度，增加了自身知识技能，增强了责任感（图4）。

图4　广播台承办的活动中的精彩瞬间

撰稿：赵丹琳、柳天宇、许汶婷

书画协会

——讲好中国故事，坚定文化自信

中山大学书画协会（以下简称"协会"）由中山大学艺术学院指导，树立了"以书会友，借画寄情"的宗旨，多年来致力于传播书画艺术魅力，提高中大学子的艺术素养。协会日常活动涉及书法、美术、篆刻等传统艺术领域，每年组织举办"逸仙杯"书画摄影大赛，参加省市级书画比赛等活动，组织协会成员参观书画作品展、举办书画讲座、开展校园书画交流，协会成员在国家级、省级、市级各级艺术竞赛中屡获佳绩，部分成员成为省级、市级、区级书法家协会会员。协会曾获评中山大学"优秀学生社团"。

一、以书画育人，促进第一课堂和第二课堂融合

为培育校园书画艺术氛围，社团指导教师姚友毅每年开设绘画造型基础、中国画、书法基础等公共选修课。书画协会为相关公共选修课积极建设第二课堂，创立"1＋1"的教学模式，吸纳有书画特长的协会成员在第二课堂教学班指导零基础的成员，定期开设楷书、行书、隶书、篆刻、国画、

素描、水彩、速写等各类教学课程。第二课堂的教学活动注重知识的运用和实践，充分调动担任教员的协会成员和零基础成员的积极性、主动性、创造性。以隶书书法教学为例，从工具的选择到最基本的笔画教学，从简单的字形到复杂的结构，再到作品的章法，教员都一一耐心讲授。一方面，第二课堂教学活动发挥朋辈互助，让成员们相互尊重、相互促进，在弘扬书画艺术的过程中提升学生的道德素养；另一方面，教学活动积极创新，为培育学生们的艺术修养提供多元渠道（图1至图3）。

图1　书画协会教学活动

图2 书画协会日常活动（一）

图3 书画协会日常活动（二）

二、搭建交流平台，繁荣校园文化

书画协会在艺术学院的指导下，立足协会的书画基础，对内积极交流，发掘协会内涵，为有书画志趣的学生提供深入交流学习的平台；对外服务中大学子，主动承办各类书画比赛和交流活动，发挥了校园文化建设重要载体的作用。协会每年举办"逸仙杯"书画摄影大赛，为校园文化建设带来生机和活力。"逸仙杯"书画摄影大赛契合国家文化主旋律，组织中山大学各校园职工和学生创作贴合主题、健康积极的作品，倡导蓬勃的创新精神，陶冶学生的艺术情操，培育浓郁的校园文化气息，厚植校园文化艺术积淀。协会在新生报到、校庆、毕业季等重要时间节点举办各类文化艺术活动，日常教学活动也配合校园文化建设，丰富校园文化生活（图4、图5）。

图4 "逸仙杯"书画摄影大赛获奖作品展览

图 5　书画协会成员作品

三、讲述中国故事，坚定文化自信

　　书画协会在作品创作的题材选择与主题表达上注重选择中华传统文化。例如，协会每年举办"送春联"活动，综合特色春联征稿、书画游戏和知识竞猜等多种形式，弘扬中华优秀传统书画文化，为中大学子送去新春祝福。协会积极参与中山大学的中华传统文化节，创作二十四节气专题画作并在学校官方微信公众号上定期发布，通过线上线下相结合的形式，让更多学生感受传统文化的魅力（图6）。协会还积极参与公益志愿服务和暑期"三下乡"等大学生社会实践活动，助力社会主义新农村建设（图7）。

图6 部分二十四节气专题画作

图7 书画协会成员在暑期"三下乡"活动中为农村房屋作宣传画

撰稿：姚友毅

舞　蹈　团

——以舞育人，践行立德树人根本任务

　　中山大学舞蹈团（以下简称"舞蹈团"）始建于1996年，有20余年的历史积淀。作为中山大学大学生艺术团的重要构成部分，舞蹈团秉承高校立德树人根本任务，坚持以舞育人、以文化人建团初心，以"舞蹈修身、舞蹈思政、舞蹈育人"为建团目标，以"面向学校、面向社会需求、面向高校美育教育与校园文化建设"为基本导向，形成了"基础美育性、活动思政性、艺术创新性"的特色，是中山大学最具活力、影响力的大学生文化艺术类学生社团之一，在广东省乃至全国高校中有较大的影响力。舞蹈团成员涵盖本科、硕士和博士的3个学段、132个专业、200余位在校大学生舞蹈爱好者。舞蹈团正在向全国一流大学生艺术团体迈进，努力成为综合类高校大学生舞蹈团的标杆（图1）。

图1 舞蹈团演出合影

一、以舞蹈为形式，构建舞蹈美育育人机制

舞蹈团历年招新不设门槛，对所有热爱舞蹈的在校大学生敞开大门，以舞蹈团为"点"，以兴趣爱好为"线"，以多场次、多形式、多维度的台上表演、台下参与形成的审美情感共鸣为"面"。舞蹈团以成员吸纳、舞蹈演出、舞蹈宣讲、舞蹈竞赛及参演电视节目录制等形式，辐射带动全校在校大学生，形成了"点、线、面"结合的中山大学舞蹈美育普及网，繁荣校园文化，践行美育教育。舞蹈团积极参与中山大学的各类活动和演出，通过各类舞蹈活动在显性与隐性中的不断融合与循环，使大学生具有美的理想、美的情操、美的品格和美的素养，构建了外在观赏舞蹈艺术形态和内在认识美、体验美、感受美、欣赏美、创造美相结合的美育育人机制（图2至图5）。

图2 舞蹈《扎西德勒》演出剧照

图3 舞蹈《走在山水间》演出剧照

图 4　舞蹈团日常排练（一）

图 5　舞蹈团日常排练（二）

二、以舞蹈为载体，发挥舞蹈教育思政功能

舞蹈团将思想政治教育贯穿社团建设始终，在作品创作、排练、演出等环节启发大学生对社会、历史及现实的思考，引导大学生树立正确的人生观、价值观、世界观。在舞蹈团历年大型舞蹈专场晚会、大型活动，以及参加教育部、团中央、文化部举办的大型舞蹈比赛中，舞蹈团都极其注重作品创作、排练、演出中的题材选择与主题表达，题材多涉及中华传统文化、红色文化、社会现实，作品主题多涉及文化传承、传播社会正能量、反思社会热点。例如，近年来舞蹈团排演了《俺从黄河来》《好大的风》《顶硬上》《扎西德勒》《奔腾》《掀起你的盖头来》等弘扬中华优秀传统文化的经典舞作，让大学生在舞蹈作品中感受中华优秀传统文化的艺术魅力，增强他们对民族传统文化的认同感与自信心；排演了《桃花依旧》《刑场上的婚礼》《我的祖国》等具有爱国教育意义的红色经典作品，让大学生铭记历史，感悟个人与集体、社会、国家的紧密联系，构建正确的家国情怀、民族大义思想格局。舞蹈团成员在日常排练和演出中，用汗水磨炼了意志，学会了与人协作，在每一个细微的动作表达中，揣摩人物的情感，体会作品的思想内涵，感悟社会历史及现实。舞蹈团的舞蹈思政功能持续助力大学生成为"有理想、有本领、有担当"的青年一代（图6、图7）。

图6 "我和我的祖国"舞蹈团演出专场

图7 民族舞《东方红》演出剧照

三、以舞蹈为媒介，搭建高校与社会、世界新桥梁

舞蹈团自成立以来便始终坚持积极参加社会公益活动，通过文艺普及、宣讲、演出等形式搭建高校社会实践与社会基层服务之间的桥梁。一直以来，舞蹈团深入广西百色、云南澄江，以及广东湛江、茂名、清远、揭阳等地的基层乡村，为基层群众"送演出""种文艺"（图8）。近年来，舞蹈团参与扶贫等社会实践百余场，助力乡村振兴与脱贫扶志。

图8　舞蹈团赴广东省清远市连州柯木湾村开展"三下乡"演出

舞蹈团积极践行习近平总书记提出的"中国文化走出去"倡议，以舞蹈为媒介，积极充当中华优秀传统文化的传播者与海外中华文化交流的使者，踊跃参加各类中外艺术交流活动。舞蹈团多次代表中山大学出访美国、俄罗斯、法国、澳大利

亚、墨西哥等国家，为世界各地带去了原汁原味的中国传统舞蹈文化（图9）。

图9　舞蹈团赴墨西哥孔子学院演出

撰稿：武昌林

原创音乐社

——记录最美青春，唱响时代赞歌

中山大学有着悠久的校园音乐传统。1986 年，内地首张由大学生自己作词作曲并演唱的校园歌曲专辑《向大海》在中山大学诞生。2000 年，原创音乐社（以下简称"原音社"）应运而生，承担了传承和推动校园音乐的使命。原音社是一支集词曲创作、演唱、乐队、音乐制作、音乐教学于一体的音乐社团，曾获评中山大学"优秀学生社团"。近年来，原音社以"牢记时代使命，唱响青春旋律"为宗旨，培养了一大批校园词曲作者和唱作俱佳的原创歌手，创作出许多反映大学生校园生活的旋律，将中山大学的美好形象推向全国，在艺术创新、陶冶师生情操、繁荣校园文化、培育学生家国情怀等方面发挥了重要作用（图1）。

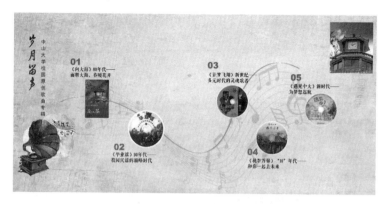

图1　中山大学校园原创歌曲系列专辑出版

一、搭建音乐平台，展现学子青春风采

原创音乐社每年定期面向中山大学全校师生举办"原创歌曲大赛"，邀请国内一流词曲作家组成专家指导委员会，对所征集的歌曲进行严格甄选和打磨，校园歌曲创作人才纷纷涌现。原创歌曲大赛立足校园，表达时代新风，青年学子用音乐抒怀，展现青春风采。原创歌曲大赛挖掘和培育了一批具有较高传唱度的校园歌曲，如《红砖绿瓦》《让梦飞翔》《我的初恋叫薇薇》《凤凰花开》等。原创歌曲大赛还以"诗韵校园"为主题，鼓励将中国古典诗词与现代音乐相结合，涌现了如《少年心》《侯春风》《新编龙的传人》等以年轻人喜闻乐见的形式弘扬中华传统文化的优秀作品。2018年，《桃李芳馨》MV被选为中国教育电视台第三届全国最美校歌展播评选推介作品；创作改编的《新编龙的传人》参加中央电视台2018年端午节特别节目（图2）；2019年，《昨夏》入选全国高校"牢记时代使命，唱响青春旋律"青春歌会；2020年，《青春告白》《是否》入选新时代全国 30 首优秀校园歌曲，参加中国教育电视台"开学季校园云歌会"和原创校园音乐故事秀栏目《青春有歌》录制（图3）。

图2　《新编龙的传人》参加中央电视台 2018 年端午节特别节目录制

图3　《青春告白》参加中国教育电视台 2020 年
"开学季校园云歌会"录制

一、培育原创音乐，繁荣校园文化

校园文化为热爱创作的学子提供了丰富的创作素材，体现校园学习生活感受的优质原创歌曲在校园流行，大力弘扬青春正能量，充分展现新时代青年朝气蓬勃、开拓进取的精神风貌和与祖国共奋进的爱国情、报国志，对大学生发挥了思想引领和文化引领的重要作用，促进了校园文化建设。依托中山大学艺术学院的专业发展，在徐红副教授的长期培育和指导下，原创音乐社在 2019 年推出了第五张校园原创歌曲专辑《遇见中大》（图 4），作为 95 周年校庆献礼之作。这是中山大学校园

图 4　第五张校园原创歌曲专辑《遇见中大》

文化建设项目《康园雅韵》系列成果之一，专辑收录了《中山大学校歌》、中山大学校友之歌《山高水长》，以及师生、校友创作的新时代校园歌曲《青春告白》《是否》《期许》《理想树》和近几届中山大学"维纳斯歌手大赛"主题歌《闯》《无畏之章》等19首歌曲。歌曲由中山大学"维纳斯歌手大赛"历届获奖歌手演唱（图5）。

图5　《遇见中大》专辑主创人员

三、紧扣发展脉搏，唱响时代赞歌

除了用音乐传递青春脉动，原创音乐社唱响新时代乐章、展现新青年风采，以原创音乐的方式感染学生、引领学生，让校园音乐创作在传承中创新发展。2020年，为传递"同舟共济，打赢疫情防控阻击战"正能量，原音社的同学积极参与创作抗疫歌曲，并将这一特殊时期中大师生、校友创作的优秀抗疫歌曲作品集锦成纪念专辑《逆行》（图6），以一段段深入人心的旋律与激昂澎湃的文字为武汉、为中国加油，用歌声凝聚中大人的抗疫力量，展现中山大学援鄂医护人员在战疫工作中表现出的一往无前的奉献精神和爱国情怀。

图6 艺术学院出品、徐红副教授指导制作的
中山大学抗疫原创歌曲纪念专辑《逆行》

撰稿人：徐红、蔡芷珊

红十字会（学生分会）

——举办无偿献血活动，传播健康防护知识

中山大学红十字会（学生分会）（以下简称"中大红会"）坚持秉承"人道、博爱、奉献"的红十字会精神，积极开展无偿献血、救护培训和艾滋病防治三大主题公益志愿服务，用人道主义精神汇聚大学生的向善力量、用奉献行动提升大学生的行善能力。

一、无偿献血，传递爱心

中山大学红十字会（学生分会）与广州血液中心、珠海血液中心合作，坚持定期在中山大学各校园开展无偿献血活动（包括造血干细胞的捐献），为社会传递当代大学生的一份爱心。2018—2019 年，中大红会在校内共组织了 20 场无偿献血活动，献血者超过 2700 人次，献血量超过 4600 单位。为了组织好每次献血活动，中大红会成员认真抓细抓实各个环节，包括前期宣传、献血秩序维持、后期数据统计整理等，制订了常规活动方案和应急处置预案，形成了一套规范的献血工作组织流程，提高了成员的组织协调能力和应急能力。中大红会现场

接待的周到细致、献血组织的规范性得到了合作方和师生的一致好评。无偿献血活动的持续举办，体现了中大学子的社会责任感和家国情怀（图1、图2）。

图1　献血车进校园　　　　　图2　献血进行中

二、救护培训，"救"在身边

中山大学红十字会（学生分会）以"引进来"的方式，依托中山大学医科和附属医院的资源，邀请专业医生在各校园免费开展急救培训活动，向师生普及正确的急救知识，使他们掌握正确的急救技能操作（图3）。急救培训活动每次培训人数约250人。经过考核后，参训人员可以成为初级急救员。遇到突发情况时，初级急救员有能力参与急救，增加了可靠的救护力量。除了开展急救培训，中大红会还成立了救护队，采用"以老带新"的方法，每两周进行一次社内组培活动，由老成员定期对新成员的操作技能进行考察，确保其在对外救护宣传时的专业性和可靠性。此外，中大红会还积极参加广东省红十字会和广东省教育厅举办的"大学生应急救护竞赛"，取得了良好的成绩。

图3　心肺复苏培训现场

三、携手抗艾，守护健康

中山大学红十字会（学生分会）立足校园开展防艾活动，普及艾滋病防治知识，倡导艾滋病反歧视理念，提高在校师生的自我保护意识。中大红会每年以"世界艾滋病日"为契机，举办为期两周以上的丰富多彩的防艾专题宣传活动，包括专题讲座、防艾检测、主题游园会、定向越野等系列活动，传播科学的性与生殖健康、预防艾滋病的知识和技能，取得了良好的效果。2019年6月，中大红会承办了"美好青春我做主"红丝带青春校园行活动。红丝带宣传大使白岩松及防艾专家林鹏、蔡卫平担任访谈嘉宾，进行防艾宣传。本次活动共有约500名师生参加，现场气氛热烈，特邀嘉宾与出席师生积极互动，增强了大学生的艾滋病防治意识，提高了他们的自我防护能力（图4）。同时，中大红会成员严谨认真的工作态度也赢得了与会嘉宾和在场师生的好评。

图4　红丝带青春校园行活动结束后，白岩松等嘉宾与中大红会工作人员合影留念

撰稿：彭雪梅、詹荣健

青年志愿者协会

——服务校园，回报社会

中山大学青年志愿者协会（以下简称"青协"）成立于
1995 年，是中国青年志愿者协会会员单位。青协秉承"服务
校园，回报社会"的宗旨，以校园为重点，联动周边社区，
辐射边远山区，开展服务校园、关爱特殊群体、支教、爱心助
学等工作。青协每年组织活动 40 余次，参加的大学生志愿者
超过 5000 人次，累计服务时长 5 万多小时。青协荣获 2009 年
"广东省志愿服务金奖（集体）"、2011 年"广州志愿服务先
进集体"、2013 年度及 2018 年度"广东省优秀学生社团"等
荣誉称号。

一、立足校园，服务师生，营造和谐校园氛围

志愿服务是青年成长的重要渠道，是学生思想引领的重要
载体，校园志愿服务是大学生志愿服务的重要内容。中山大学
青年志愿者协会主动承接校园服务需求，开展了多个领域的校
园志愿服务，从迎新（图 1）到毕业季的大型活动，从规范自
行车摆放（图 2）到维护青葱草坪，从食堂到运动场的文明行
为引导，青协的志愿服务涵盖了中山大学师生校园生活的方方

面面，为向师生们提供有序、文明、和谐、美丽的校园生活环境作出了积极的贡献。学生通过参与校园志愿服务，加深了对校史、校情的了解，树立了校园主人翁意识。

图1　2020年，青协志愿者在新生入学体检点协助测量体温

图2　青协组织志愿者在校园摆放整理自行车

二、围绕校园，服务社区，奉献磅礴青春力量

社区志愿服务是劳动教育的重要形式，能够帮助学生走出校园了解社会，参与社会治理，增强社会责任感，并锻炼人际交往、组织协调和实践创新等方面的能力。志愿者就近服务于学校周边社区，也有利于学生持续开展活动及节省时间成本。在中山大学广州校区，中山大学青年志愿者协会分别与广州市青年志愿者协会、广州市义务工作者联合会、广州市福利院、广州市海珠区青年志愿者协会等单位合作，开展了"志爱餐——为社区老人爱心送餐服务""志愿在康园——陪伴社区工疗站智障人士""金雁义教——为社区流动儿童义教""诠爱计划——帮助听障儿童增强沟通和自信""志愿驿站——附属医院导诊服务"等系列活动，为社区居民提供形式多样、内容丰富的志愿服务。在珠海校区，青协组织志愿者走进珠海高新区各街道和社区，发起"爱佑天使——关爱孤儿及自闭症儿童活动"等系列活动，为社区居民送去一份欢乐和温暖（图3）。在深圳校区，青协也陆续开展了一些服务社会的志愿者活动。

图3　志愿者给社区居民带去快乐与温暖

三、辐射山区，关爱留守儿童，培养学生家国情怀

围绕关爱留守儿童的工作，中山大学青年志愿者协会在每年寒暑假举办"三下乡"社会实践支教助学活动。自2016年至2020年，每年参与青协下乡支教的志愿者逾百人，服务地包括广东清远、湛江、梅州等。出发前，青协整合研究生支教团、公益教育协会、爱心助学协会等助学类学生社团的力量，策划和组织包括课堂设计、活动组织、宣传策划等方面的培训。下乡过程中，志愿者学以致用，走进乡村、走到田间、走上讲台，开展时政新闻课、戏剧文化课、手工剪纸课、诗词欣赏课、国画艺术课、中华武术课、急救知识与技能等一系列兴

趣课程，为边远山区的教育事业贡献力量（图4）。支教助学是一个系统工程，志愿者在支教结束后依然注重持续关怀，将短期支教长期化，通过书信往来及回访等方式长期关注山区孩子们的学习和生活。不少参与过"三下乡"支教的志愿者，后来成为中山大学研究生支教团的志愿者，长期为西部的教育作贡献。

图4　志愿者在"三下乡"活动中为山区青少年进行
创新思维训练

撰稿人：何金鹏、顾文明、刘瑶

爱 心 同 盟

——赤子心传递家国情怀，新公益诠释青春担当

中山大学爱心同盟成立于1999年，以"奉献爱心心连心，服务社会人与人"为宗旨，是中大学子践行家国情怀和青春使命的志愿服务类学生社团。爱心同盟紧紧围绕习近平总书记为广大志愿者指出的"立足新时代、展现新作为，弘扬奉献、友爱、互助、进步的志愿精神，继续以实际行动书写新时代的雷锋故事"原则，始终坚持为贫困青少年、孤寡老人、特殊儿童等社会群体提供精准的服务和帮助。经过20余年的发展，爱心同盟以国家和社会的发展需求为牵引，立足发展实际，不断创新创立了多个品牌活动："逆光"老人婚纱摄影项目（以下简称"逆光"）关注老年人的精神世界，"萤火虫支教"对教育贫瘠地区的孩子尽心帮助，"爱心徒步"活动为困境中的少年捐款，等等，用新公益诠释青春担当，先后获得了"广东省优秀学生社团""中山大学优秀学生社团"等荣誉称号。其中，2015年创设的"逆光"老人婚纱摄影项目，已经为58对老人拍摄婚纱照，举办过4次集体婚礼，并获得第四届中国青年志愿服务项目大赛银奖（图1、图2）。

图 1　第四届中国青年志愿服务项目大赛银奖获奖证书

图 2　第四届中国青年志愿服务项目大赛银奖参赛选手合照

一、透视社会新需求，青年反哺传递家国情怀

面对转型带来的社会多元需求，爱心同盟从习近平总书记"积极看待老年人和老年生活"的倡导出发，关注到社会中越来越多老年人对于美好精神生活的新期待和新需求。面对"青年"与"老年"这两个群体，爱心同盟策划了"逆光"项目，以期弥合老年人与年轻人之间的鸿沟。在年轻人眼中，婚纱照是见证爱情的必不可少的事物；但是老年人对婚纱照，则既陌生又好奇。所以，"逆光"项目通过让老年人穿上婚纱，由青年学生帮助老年人拍一辑华丽的婚纱照的服务形式，希望通过跨越年代、跨越代际的光影交融，丰富新时代老年人的精神生活，给他们的生活增加新意，并以此呼吁整个社会关注老年人的内心世界，实现美好生活的文化反哺。黎氏夫妇是爱心同盟众多服务对象中典型的一对，两人均已是90岁高龄，爷爷曾是身经百战的抗日志士，奶奶则是典型的江南温婉女子。当爱心同盟提出为他们拍摄婚纱照时，奶奶说："一辈子都没试过浪漫，今天就试一次吧。"老人通过拍摄婚纱照，尝试别样的爱的表达方式，牵起羞涩的双手告白。当爷爷奶奶收到相册的时候，如孩童般兴奋与激动，一次又一次地道谢。"逆光"丰富了老年人的精神生活，大学生用行动为"老有所乐"的新时代国家社会发展目标写下鲜活注脚。

二、根植社会主义核心价值观，用美好服务传播社会正能量

爱心同盟开设"逆光"公众号，记录老年夫妻携手走来的爱情和人生故事，截至 2020 年 3 月，阅读总量已超 6 万，最高推送阅读量达 8000 次，并多次接受珠海电视台的采访。一个个或新奇或平凡的爱情故事、一张张满脸幸福洋溢的婚纱照通过各种媒介传播出去，让人们见证了老年夫妇们一路风雨也一路甜蜜的婚姻历程（图 3），并从中得到对爱情更深刻的理解与认识，有助于年轻一代树立正确的爱情观、人生观、价值观。老一辈对爱情的坚定、对家庭的责任感弘扬了优良家风，也唤起了社会对老年群体内心世界的关注。"逆光"注重

图 3　参与"逆光"活动的汤氏夫妇

老年人的精神生活，深怀敬老之心，倾注爱老之情，笃行为老之事，行动践行"爱老敬老"的中华民族传统美德。逆着光影，同学们用相机记录甜蜜；逆着时光，老人们以岁月回忆美好（图4）。"逆光"用老人们的爱情故事为社会注入爱的正能量。

图4　爱心同盟的志愿者为老人家化妆

三、助推新时代青年成长，青年新公益诠释使命担当

爱心同盟的项目主要创设者、执行者和参与者都是中山大学的在读学生。与传统的志愿服务形式相比，"逆光"集结了一群热爱摄影的中大学子，发挥大学生的艺术特长，展现大学生的活力与风采。参加"逆光"活动的大学生志愿者在采访、

摄影、化妆、录像等实践中提升了沟通交流、组织协调的综合素质和专业能力，收获了人生经验和社会知识，在接触老一辈的过程中获得爱情观、人生观和价值观的启迪。采访老年夫妻后，有一位爱心同盟志愿者写道："我们这一代，对待爱情，似乎浮躁了许多。在相互陪伴多年的老人身上，有风雨过后的恬淡，让人感觉温暖。"老年人在受助的同时也为自己给后辈树立了榜样而倍感自豪，形成了双向的精神收获和启迪。

撰稿：张潮、张鼎立、赵子涵、要秀宏

招生宣传志愿者协会

——培养立大志、练真功、勇担当的中大精神传薪人

中山大学招生宣传志愿者协会（以下简称"招协"）成立于2006年，是全国高校中最早成立的以招生宣传为主题的志愿服务类学生社团之一。在中山大学教务部招生办公室指导下，招协以"中大辉煌，你我共创"为宗旨，建立起总会统筹协调、三校区五校园分会合作共进的工作机制。2018—2020年，招协组织遴选了近1.4万名学生担任招生宣传志愿者，在寒假期间回到家乡、走进高中、走近师生，让大量优秀高中学子了解中大、向往中大、报考中大。招协在组织培训招生宣传志愿者的过程中，培养和锻炼了一大批有理想信念、爱心善意、责任担当的中大精神传薪人。

一、打造一支热情、有担当、肯奉献的学生宣传先锋队

招生宣传志愿者协会面向中山大学全校建立了"服务考生和新生—介绍中大—招新内培—志愿者招募—筹建队伍和遴选队长（员）—志愿者培训—材料大赛—寒假招宣—总结表

彰"的全流程活动体系。每年，招协100多位成员和50余支各地寒假招生宣传志愿者团队（以下简称"寒招队"）一道，通过主动学习、组织培训和总结交流等方式，全面了解中山大学的使命和愿景、人才培养、师资队伍、学科优势、科学研究、交流合作、社会服务、校园环境、校园文化等各方面情况。学子们结合自己的学习生活体验，根据家乡特色和区域教育需求，因地制宜地面向全国各地上千所生源中学宣传中山大学（图1）。在队伍建设方面，招协定期举办全员大会凝聚共识，选拔出一批有钻研精神、有干劲、有领导力的协会成员担任宣传队队长，每学期定期组织召开骨干会议，明确年度活动内容和形式，分阶段对各项活动进行总结。

图1　2019—2020年"把中大带回家"主题寒假招生宣传活动

二、打造两项参与广、有影响、评价高的招生宣传品牌活动

招生宣传志愿者协会每年举办寒假招生宣传材料大赛（以下简称"材赛"），面向中山大学全校师生征集静态类和动态类宣传材料作品。参赛者将心目中的中山大学制作成一张张精美的明信片、书签，整理成一页页数据翔实、案例丰富、清晰简明的 PPT，剪辑成一段段动人心弦的影像（图 2、图 3）。比赛获奖作品由数千位志愿者带回高中母校，成为高中学子们随时随地带在身边的精神鼓励。2020 年"云寄锦书来"材赛微信公众号推送文章总阅读人次近 4 万，作品深受好评。寒假招生宣传志愿者活动是中山大学参与人数最多、规模最大、宣传范围最广的志愿者活动。每一支招生宣传志愿者队伍都制定了有针对性的生源中学宣传策略，通过参与活动的筹备与组织、特色宣传品的设计、现场宣讲与答疑等工作，既获得了帮助他人的满足感，又提升了素养、展示了才能（图 4）。来自华南师范大学附属中学、就读于中山大学岭南学院的郭睿担任了 2020—2021 广州寒招队的队长。她说："曾经我受益于学长们的指引，如今我也把握住这次传达自己对学校的热爱的机会，去帮助学弟学妹寻找他们在大学更多的可能性。这就是我参加寒招的意义。"

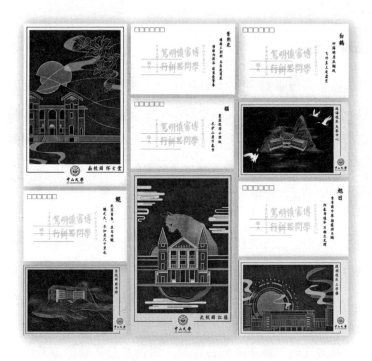

图2　2020年材赛静态类一等奖作品《丹楹刻桷，吾校荣光》

图3　2020年材赛动态类一等奖作品《向天空出发》

图4　招生宣传志愿者协会组织寒假招生宣传志愿者
回高中母校宣讲

三、建设一个有温度、资源广、多元化的第二课堂

　　招生宣传志愿者活动在高中、高校之间架起了一座桥梁，志愿者将"学在中大、追求卓越"的中大校风持续传递给高中和每位努力追梦的孩子及其家庭。高中学校得以直接了解高校的办学情况、学习氛围、学科专业等一手资讯，高中生得以提高生涯规划意识和学习能力。中山大学教务部招生办公室作为招生宣传志愿者协会的指导单位，为协会设置了行政、业务指导教师，从规章制度制定、组织架构设定、人员选拔、活动开展、奖励表彰等方面进行全过程、教练式的指导，并担任协会各项赛事的评审，结合指导教师的专业特色，通过座谈会、午餐会、学生骨干交流会等形式，进一步强化思想政治教育，做好学生骨干的培养工作，更好地服务于学生的成长成才。院

系招生组与各地寒招队的联系也在不断加强。协会成员在指导教师的帮助下，更好地掌握了校情校史，综合运用学科理论和宣传工作方法，进一步坚定了爱校、荣校、服务社会的情怀，形成了院系、指导教师和学生三方联动的良好局面，育人成效不断显现（图5）。

图5　2020年12月，招生办公室教师、专业指导教师
与材赛参赛者、寒招队队员合影

撰稿：张洁、聂林、唐菁菁、丁子游、刘瑞琪

附录　高校学生社团工作的相关政策文件选编

中共中央　国务院关于进一步加强和改进大学生思想政治教育的意见

中发〔2004〕16 号

为深入贯彻党的十六大精神，适应新形势、新任务的要求，提高大学生的思想政治素质，促进大学生的全面发展，现就进一步加强和改进大学生思想政治教育提出以下意见。

一、加强和改进大学生思想政治教育是一项重大而紧迫的战略任务

1. 大学生是十分宝贵的人才资源，是民族的希望，是祖国的未来。目前，我国在校大学生包括本科生、专科生和研究生约有 2000 万。加强和改进大学生思想政治教育，提高他们的思想政治素质，把他们培养成中国特色社会主义事业的建设者和接班人，对于全面实施科教兴国和人才强国战略，确保我国在激烈的国际竞争中始终立于不败之地，确保实现全面建设小康社会、加快推进社会主义现代化的宏伟目标，确保中国特色社会主义事业兴旺发达、后继有人，具有重大而深远的战略意义。

2. 改革开放特别是党的十三届四中全会以来，党中央坚持"两手抓、两手都要硬"的方针，切实加强和改进对大学生思想政治教育工作的领导。各地区各部门和高等学校认真贯彻落实中央要求，加强和改进思想政治教育工作，在培养高素质人才，推动高等教育改革发展，维护学校和社会稳定等方面发挥了重要作用。当代大学生思想政治状况的主流积极、健康、向上。他们热爱党，热爱祖国，热爱社会主义，坚决拥护党的路线方针政策，高度认同邓小平理论和"三个代表"重要思想，充分信赖以胡锦涛同志为总书记的党中央，对坚持走中国特色社会主义道路、实现全面建设小康社会的宏伟目标充满信心。

3. 国际国内形势的深刻变化，使大学生思想政治教育既面临有利条件，也面临严峻挑战。国际敌对势力与我争夺下一代的斗争更加尖锐复杂，大学生面临着大量西方文化思潮和价值观念的冲击，某些腐朽没落的生活方式对大学生的影响不可低估。随着对外开放不断扩大、社会主义市场经济的深入发展，我国社会经济成分、组织形式、就业方式、利益关系和分配方式日益多样化，人们思想活动的独立性、选择性、多变性和差异性日益增强。这有利于大学生树立自强意识、创新意识、成才意识、创业意识，同时也带来一些不容忽视的负面影响。一些大学生不同程度地存在政治信仰迷茫、理想信念模糊、价值取向扭曲、诚信意识淡薄、社会责任感缺乏、艰苦奋斗精神淡化、团结协作观念较差、心理素质欠佳等问题。

4. 面对新形势、新情况，大学生思想政治教育工作还不够适应，存在不少薄弱环节。一些地方、部门和学校的领导对大学生思想政治教育工作重视不够，办法不多。全社会关心支持大学生思想政治教育的合力尚未形成。学校思想政治理论课实效性不强，哲学社会科学一些学科教材建设滞后，思想政治教育与大学生思想实际结合不紧，少数学校没有把大学生的思想政治教育摆在首位、贯穿于教育教学的全过程。学生管理工作与形势发展要求不相适应，思想政治教育工作队伍建设亟待加强，少数教师不能做到教书育人、为人师表。加强和改进大学生思想政治教育是一项极为紧迫的重要任务。

二、加强和改进大学生思想政治教育的指导思想和基本原则

5. 加强和改进大学生思想政治教育的指导思想是：坚持以马克思列宁主义、毛泽东思想、邓小平理论和"三个代表"重要思想为指导，深入贯彻党的十六大精神，全面落实党的教育方针，紧密结合全面建设小康社会的实际，以理想信念教育为核心，以爱国主义教育为重点，以思想道德建设为基础，以大学生全面发展为目标，解放思想、实事求是、与时俱进，坚持以人为本，贴近实际、贴近生活、贴近学生，努力提高思想政治教育的针对性、实效性和吸引力、感染力，培养德智体美全面发展的社会主义合格建设者和可靠接班人。

6. 加强和改进大学生思想政治教育的基本原则是：（1）坚持教书与育人相结合。学校教育要坚持育人为本、德育为先，把人才培养作为根本任务，把思想政治教育摆在首要位置。

（2）坚持教育与自我教育相结合。既要充分发挥学校教师、党团组织的教育引导作用，又要充分调动大学生的积极性和主动性，引导他们自我教育、自我管理、自我服务。（3）坚持政治理论教育与社会实践相结合。既重视课堂教育，又注重引导大学生深入社会、了解社会、服务社会。（4）坚持解决思想问题与解决实际问题相结合。既讲道理又办实事，既以理服人又以情感人，增强思想政治教育的实际效果。（5）坚持教育与管理相结合。把思想政治教育融于学校管理之中，建立长效工作机制，使自律与他律、激励与约束有机地结合起来，有效地引导大学生的思想和行为。（6）坚持继承优良传统与改进创新相结合。在继承党的思想政治工作优良传统的基础上，积极探索新形势下大学生思想政治教育的新途径、新办法，努力体现时代性，把握规律性，富于创造性，增强实效性。

三、加强和改进大学生思想政治教育的主要任务

7. 以理想信念教育为核心，深入进行树立正确的世界观、人生观和价值观教育。要坚持不懈地用马克思列宁主义、毛泽东思想、邓小平理论和"三个代表"重要思想武装大学生，深入开展党的基本理论、基本路线、基本纲领和基本经验教育，开展中国革命、建设和改革开放的历史教育，开展基本国情和形势政策教育，开展科学发展观教育，使大学生正确认识社会发展规律，认识国家的前途命运，认识自己的社会责任，确立在中国共产党领导下走中国特色社会主义道路，实现中华民族伟大复兴的共同理想和坚定信念。同时，要积极引导大学

生不断追求更高的目标，使他们中的先进分子树立共产主义的远大理想，确立马克思主义的坚定信念。

8. 以爱国主义教育为重点，深入进行弘扬和培育民族精神教育。深入开展中华民族优良传统和中国革命传统教育，开展各民族平等团结教育，培养团结统一、爱好和平、勤劳勇敢、自强不息的精神，树立民族自尊心、自信心和自豪感。要把民族精神教育与以改革创新为核心的时代精神教育结合起来，引导大学生在中国特色社会主义事业的伟大实践中，在时代和社会的发展进步中汲取营养，培养爱国情怀、改革精神和创新能力，始终保持艰苦奋斗的作风和昂扬向上的精神状态。

9. 以基本道德规范为基础，深入进行公民道德教育。要认真贯彻《公民道德建设实施纲要》，以为人民服务为核心、以集体主义为原则、以诚实守信为重点，广泛开展社会公德、职业道德和家庭美德教育，引导大学生自觉遵守爱国守法、明礼诚信、团结友善、勤俭自强、敬业奉献的基本道德规范。坚持知行统一，积极开展道德实践活动，把道德实践活动融入大学生学习生活之中。修订完善大学生行为准则，引导大学生从身边的事情做起，从具体的事情做起，着力培养良好的道德品质和文明行为。

10. 以大学生全面发展为目标，深入进行素质教育。加强民主法制教育，增强遵纪守法观念。加强人文素质和科学精神教育，加强集体主义和团结合作精神教育，促进大学生思想道德素质、科学文化素质和健康素质协调发展，引导大学生勤于学习、善于创造、甘于奉献，成为有理想、有道德、有文化、有纪律的社会主义新人。

四、充分发挥课堂教学在大学生思想政治教育中的主导作用

11. 高等学校思想政治理论课是大学生思想政治教育的主渠道。思想政治理论课是大学生的必修课，是帮助大学生树立正确的世界观、人生观、价值观的重要途径，体现了社会主义大学的本质要求。要按照充分体现当代马克思主义最新成果的要求，全面加强思想政治理论课的学科建设、课程建设、教材建设和教师队伍建设，进一步推动邓小平理论和"三个代表"重要思想进教材、进课堂、进大学生头脑工作。要联系改革开放和社会主义现代化建设的实际，联系大学生的思想实际，把传授知识与思想教育结合起来，把系统教学与专题教育结合起来，把理论武装与实践育人结合起来，切实改革教学内容，改进教学方法，改善教学手段。要加强对思想政治理论课的宏观指导，采取有力措施，力争在几年内使思想政治理论课教育教学情况有明显改善。

12. 形势政策教育是思想政治教育的重要内容和途径。要建立大学生形势政策报告会制度，定期编写形势政策教育宣讲提纲，建立形势政策教育资源库。国家机关和地方党政负责人要经常为大学生作形势报告。学校要紧密结合国际国内形势变化和学生关注的热点、难点问题，制定形势政策教育教学计划，认真组织实施。

13. 高等学校哲学社会科学课程负有思想政治教育的重要

职责。哲学社会科学中的绝大部分学科都具有鲜明的意识形态属性，对于帮助大学生坚定正确的政治方向，正确认识和分析复杂的社会现象，提高思想道德修养和精神境界具有十分重要的作用。要坚持和巩固马克思主义在意识形态领域的指导地位，在哲学社会科学教学中充分体现马克思主义中国化的最新理论成果，用科学理论武装大学生，用优秀文化培育大学生。要发扬理论联系实际的优良学风，发挥哲学社会科学的优势，紧密围绕大学生普遍关心的、改革开放和现代化建设中的重大问题，做好释疑解惑和教育引导工作。

要结合实施马克思主义理论研究和建设工程，精心组织编写全面反映毛泽东思想、邓小平理论和"三个代表"重要思想的哲学、政治经济学、科学社会主义、中共党史以及政治学、社会学、法学、史学、新闻学和文学等哲学社会科学重点学科的教材，努力形成以当代中国马克思主义为指导的具有中国特色、中国风格、中国气派的哲学社会科学学科体系和教材体系。

14. 高等学校各门课程都具有育人功能，所有教师都负有育人职责。广大教师要以高度负责的态度，率先垂范、言传身教，以良好的思想、道德、品质和人格给大学生以潜移默化的影响。要把思想政治教育融入到大学生专业学习的各个环节，渗透到教学、科研和社会服务各个方面。要深入发掘各类课程的思想政治教育资源，在传授专业知识过程中加强思想政治教育，使学生在学习科学文化知识过程中，自觉加强思想道德修养，提高政治觉悟。要坚持学术研究无禁区、课堂讲授有纪律，严格教育教学纪律，切实加强教材管理，在讲台上和教材中不得散布违背宪法和党的路线方针政策的错误观点和言论。

五、努力拓展新形势下大学生思想政治教育的有效途径

15. 深入开展社会实践。社会实践是大学生思想政治教育的重要环节，对于促进大学生了解社会、了解国情，增长才干、奉献社会，锻炼毅力、培养品格，增强社会责任感具有不可替代的作用。要建立大学生社会实践保障体系，探索实践育人的长效机制，引导大学生走出校门，到基层去，到工农群众中去。高等学校要把社会实践纳入学校教育教学总体规划和教学大纲，规定学时和学分，提供必要经费。积极探索和建立社会实践与专业学习相结合、与服务社会相结合、与勤工助学相结合、与择业就业相结合、与创新创业相结合的管理体制，增强社会实践活动的效果，培养大学生的劳动观念和职业道德。要认真组织大学生参加军政训练。利用好寒暑假，开展形式多样的社会实践活动。积极组织大学生参加社会调查、生产劳动、志愿服务、公益活动、科技发明和勤工助学等社会实践活动。重视社会实践基地建设，不断丰富社会实践的内容和形式，提高社会实践的质量和效果，使大学生在社会实践活动中受教育、长才干、作贡献，增强社会责任感。

16. 大力建设校园文化。校园文化具有重要的育人功能，要建设体现社会主义特点、时代特征和学校特色的校园文化，形成优良的校风、教风和学风。大力加强大学生文化素质教

育，开展丰富多彩、积极向上的学术、科技、体育、艺术和娱乐活动，把德育与智育、体育、美育有机结合起来，寓教育于文化活动之中。要善于结合传统节庆日、重大事件和开学典礼、毕业典礼等，开展特色鲜明、吸引力强的主题教育活动。重视校园人文环境和自然环境建设，完善校园文化活动设施，建设好大学生活动中心。加强校报、校刊、校内广播电视和学校出版社的建设，加强哲学社会科学研讨会、报告会、讲座的管理，绝不给错误观点和言论提供传播渠道。坚决抵制各种有害文化和腐朽生活方式对大学生的侵蚀和影响。禁止在学校传播宗教。

17. 主动占领网络思想政治教育新阵地。要全面加强校园网的建设，使网络成为弘扬主旋律、开展思想政治教育的重要手段。要利用校园网为大学生学习、生活提供服务，对大学生进行教育和引导，不断拓展大学生思想政治教育的渠道和空间。要建设好融思想性、知识性、趣味性、服务性于一体的主题教育网站和网页，积极开展生动活泼的网络思想政治教育活动，形成网上网下思想政治教育的合力。要密切关注网上动态，了解大学生思想状况，加强同大学生的沟通与交流，及时回答和解决大学生提出的问题。要运用技术、行政和法律手段，加强校园网的管理，严防各种有害信息在网上传播。加强网络思想政治教育队伍建设，形成网络思想政治教育工作体系，牢牢把握网络思想政治教育主动权。

18. 开展深入细致的思想政治工作和心理健康教育。要结合大学生实际，广泛深入开展谈心活动，有针对性地帮助大学生处理好学习成才、择业交友、健康生活等方面的具体问题，提高思想认识和精神境界。要重视心理健康教育，根据大学生的身心发展特点和教育规律，注重培养大学生良好的心理品质和自尊、自爱、自律、自强的优良品格，增强大学生克服困难、经受考验、承受挫折的能力。要制定大学生心理健康教育计划，确定相应的教育内容、教育方法。要建立健全心理健康教育和咨询的专门机构，配备足够数量的专兼职心理健康教育教师，积极开展大学生心理健康教育和心理咨询辅导，引导大学生健康成长。

19. 努力解决大学生的实际问题。思想政治教育既要教育人、引导人，又要关心人、帮助人。高等学校要从严治教，加强管理，改善办学条件，提高教育教学质量，为大学生成长成才创造条件。要加强对经济困难大学生的资助工作，以政府投入为主，多方筹措资金，不断完善资助政策和措施，形成以国家助学贷款为主体，包括助学奖学金、勤工助学基金、特殊困难补助和学费减免在内的助学体系，帮助经济困难大学生完成学业。要帮助大学生树立正确的就业观念，引导毕业生到基层、到西部、到祖国最需要的地方建功立业。要进一步建立健全大学生就业指导机构和就业信息服务系统，提供高效优质的就业创业服务。通过服务育人、管理育人，把党和政府对大学生的关怀落到实处。

六、充分发挥党团组织在大学生思想政治教育中的重要作用

20. 发挥党的政治优势和组织优势，做好大学生思想政治

教育工作。高等学校党组织要高度重视学生党员发展工作，坚持标准，保证质量，把优秀大学生吸纳到党的队伍中来。对入党积极分子要注重早期培养，加强制度建设，严格发展程序，进行系统的党的知识教育和实践锻炼。对大学生党员要加强党员先进性教育，使他们严格要求自己，提高党性修养，充分发挥在大学生思想政治教育中的骨干带头作用和先锋模范作用。

要坚持把党支部建在班上，努力实现本科学生班级"低年级有党员、高年级有党支部"的目标。创新学生党支部活动方式，丰富活动内容，增强凝聚力和战斗力，使其成为开展思想政治教育的坚强堡垒。高度重视研究生党组织建设，切实加强研究生思想政治教育。

21. 发挥共青团和学生组织作用，推进大学生思想政治教育。共青团是党领导下的先进青年的群众组织，是党的助手和后备军，在大学生思想政治教育中具有重要作用。高等学校团组织要把加强大学生思想政治教育工作摆在突出位置，充分发挥在教育、团结和联系大学生方面的优势，竭诚为大学生的成长成才服务。要全面实施大学生素质拓展计划，组织开展丰富多彩的思想政治教育活动。要加强对优秀团员的培养，认真做好推荐优秀共青团员入党工作。要坚持党建带团建，把加强团的建设作为高等学校党建的重要任务。要切实加强团的组织建设，选拔优秀青年党员教师做团的工作，保证高校共青团组织机构设置和人员配备。要把团干部作为思想政治教育工作队伍的重要组成部分，做好培养、锻炼和输送工作。

高等学校学生会、研究生会是党领导下的大学生群众组织，是加强和改进大学生思想政治教育的重要依靠力量，也是大学生自我教育的组织者。学生会、研究生会要自觉接受党的领导，在共青团指导下，针对大学生特点，开展生动有效的思想政治教育活动，把广大学生紧密团结在党的周围，在大学生思想政治教育中更好地发挥桥梁和纽带作用。

22. 依托班级、社团等组织形式，开展大学生思想政治教育。班级是大学生的基本组织形式，是大学生自我教育、自我管理、自我服务的主要组织载体。要着力加强班级集体建设，组织开展丰富多彩的主题班会等活动，发挥团结学生、组织学生、教育学生的职能。要加强对大学生社团的领导和管理，帮助大学生社团选聘指导教师，支持和引导大学生社团自主开展活动。要高度重视大学生生活社区、学生公寓、网络虚拟群体等新型大学生组织的思想政治教育工作，选拔大学生骨干参与学生公寓、网络的教育管理，发挥大学生自身的积极性和主动性，增强教育效果。

七、大力加强大学生思想政治教育工作队伍建设

23. 思想政治教育工作队伍是加强和改进大学生思想政治教育的组织保证。大学生思想政治教育工作队伍主体是学校党政干部和共青团干部，思想政治理论课和哲学社会科学课教师，辅导员和班主任。学校党政干部和共青团干部负责学生思想政治教育的组织、协调、实施；思想政治理论和哲学社会科学课教师根据学科和课程的内容、特点，负责对学生进行思想理论教育、思想品德教育和人文素质教育；辅导员、班主任是

大学生思想政治教育的骨干力量，辅导员按照党委的部署有针对性地开展思想政治教育活动，班主任负有在思想、学习和生活等方面指导学生的职责。要采取切实措施，培养一批坚持以马克思主义为指导，理论功底扎实，勇于开拓创新，善于联系实际，老中青相结合的哲学社会科学学科带头人和教学骨干队伍，使他们在大学生思想政治教育中发挥更大的作用。所有从事大学生思想政治教育的人员，都要坚持正确的政治方向，加强思想道德修养，增强社会责任感，成为大学生健康成长的指导者和引路人。在事关政治原则、政治立场和政治方向问题上不能与党中央保持一致的，不得从事大学生思想政治教育工作。

广大教职员工作都负有对大学生进行思想政治教育的重要责任。要制定完善有关规定和政策，明确职责任务和考核办法，形成教书育人、管理育人、服务育人的良好氛围和工作格局。教师要提高师德和业务水平，爱岗敬业，教书育人，为人师表，以良好的思想政治素质和道德风范影响和教育学生。学校管理工作要体现育人导向，把严格日常管理与引导大学生遵纪守法、养成良好行为习惯结合起来。后勤服务人员要努力搞好后勤保障，为大学生办实事办好事，使大学生在优质服务中受到感染和教育。

24. 完善大学生思想政治教育工作队伍的选拔、培养和管理机制。按照政治强、业务精、纪律严、作风正的要求，坚持专兼结合的原则，研究和制定加强高校思想政治教育工作队伍建设的具体意见，吸引更多的优秀教师从事学生思想政治教育工作。要加强思想政治教育学科建设，培养思想政治教育工作专门人才。实施大学生思想政治教育队伍人才培养工程，建立思想政治教育人才培养基地。选拔推荐一批从事政治教育思想的骨干进一步深造，攻读思想政治教育相关专业的硕士、博士学位，学成后专职从事思想政治教育工作。采取有效措施，组织参加社会实践、挂职锻炼、学习考察等活动，不断提高他们的工作能力和水平。要建立完善大学生思想政治教育专职队伍的激励和保障机制。完善思想政治教育队伍的专业职务系列，从思想政治教育专职队伍的实际出发，解决好他们的教师职务聘任问题，鼓励支持他们安心本职工作，成为思想政治教育方面的专家。建立专项评优奖励制度，定期评比表彰思想政治教育工作先进集体和个人，树立、宣传、推广一批先进典型。

要采取有力措施，着力建设一支高水平的辅导员、班主任队伍。院（系）的每个年级都要按适当比例配备一定数量的专职辅导员，每个班级都要配备一名兼职班主任，鼓励优秀教师兼任班主任工作。辅导员、班主任工作在大学生思想政治教育第一线，任务繁重，责任重大，学校要从政治上、工作上、生活上关心他们，在政策和待遇方面给予适当倾斜。

八、努力营造大学生思想政治教育工作的良好社会环境

25. 全社会都要关心大学生的健康成长，支持大学生思想政治教育工作。宣传、理论、新闻、文艺、出版等方面要坚持弘扬主旋律，为大学生思想政治教育营造良好的社会舆论氛

围，为大学生提供丰富的精神食粮。要坚持团结稳定鼓劲、正面宣传为主，反映高等学校思想政治教育工作的先进典型和优秀大学生的先进事迹。各类网站要牢牢把握正确导向，主动承担社会责任，积极开发教育资源，开展形式多样的网络思想政治教育活动。重点新闻网站要不断改进创新，切实增强吸引力和感染力，在大学生思想政治教育活动中发挥导向作用。要大力发展文化事业和文化产业，为学生提供更多更好的文化产品和文化服务。文化部门和艺术团体要进一步推进高雅文化进校园活动，丰富校园文化生活，提高学生艺术修养。充分发挥爱国主义教育基地对大学生的教育作用，各类博物馆、纪念馆、展览馆、烈士陵园等爱国主义教育基地，对大学生集体参观一律实行免票。各级政府和企事业单位要鼓励和支持面向大学生的公益性文化活动。坚持不懈地开展"扫黄""打非"，依法加强对各类网站的管理，净化文化市场和网络环境。

26. 各级党委和政府要为高等学校创建良好的育人环境。要把优化校园周边环境作为推进社会主义精神文明建设的重要任务，结合城市改造和社区建设搞好规划，加强综合治理。要依法加强对学校周边的文化、娱乐、商业经营活动的管理，坚决取缔干扰学校正常教学、生活秩序的经营性娱乐活动场所，严厉打击各种刑事犯罪活动，及时处理侵害学生合法权益、身心健康的事件和影响学校、社会稳定的事端。要为大学生专业实习和社会实践创造条件，提供便利。要把高校毕业生就业作为就业工作的重要组成部分，常抓不懈，完善毕业生就业市场机制，健全毕业生就业服务体系，落实毕业生自主创业、灵活

就业的各项扶持政策。要动员社会各方力量，完善资助困难大
学生的机制，帮助大学生解决实际困难。党政机关、社会团
体、企事业单位以及街道、社区、村镇等要主动配合做好大学
生思想政治教育工作。学校要探索建立与大学生家庭联系沟通
的机制，相互配合对学生进行思想政治教育。

九、切实加强对大学生思想政治教育工作的领导

27. 各级党委和政府要从战略全局的高度，充分认识加强
和改进大学生思想政治教育的重大意义，把"培养什么人"、
"如何培养人"这一重大课题始终摆在重要位置，切实加强领
导。要弘扬求真务实精神，及时研究解决涉及大学生健康成长
和切身利益的实际问题。制定有关政策和法规，不仅要有利于
经济和各项事业的发展，而且要有利于大学生的健康成长。要
建立健全党委统一领导、党政群齐抓共管、有关部门各负其
责、全社会大力支持的领导体制和工作机制，形成全党全社会
共同关心支持大学生思想政治教育的强大合力。教育部要对全
国高等学校大学生思想政治教育工作统一规划、组织协调、宏
观指导和督促检查。各地负责高校思想政治工作的部门，要切
实负起责任。各有关部门要主动配合，共同做好大学生思想政
治教育工作。要重视和加强民办高等学校党的建设和大学生的
思想政治教育。

28. 高等学校要充分发挥大学生思想政治教育主阵地、主
课堂、主渠道作用。要把大学生思想政治教育摆在学校各项工
作的首位，贯穿于教育教学的全过程。要建立和完善党委统一

领导、党政齐抓共管、专兼职队伍相结合、全校紧密配合、学生自我教育的领导体制和工作机制。高等学校党委要统一领导大学生思想政治教育工作，经常分析大学生思想状况和思想政治教育工作状况，制订思想政治教育的总体规划，对大学生思想政治教育作出全面部署和安排。校长要对大学生德智体美全面发展负责，把思想政治教育与教学、科研、社会服务工作结合起来，同时部署，同时检查，同时评估。学校各部门要明确各自责任，密切协作，切实完成相应任务。学校基层党团组织要认真履行学生思想政治教育的职责，把加强和改进大学生思想政治教育的各项任务真正落到实处。

29. 不断完善大学生思想政治教育的保障机制。要建立健全与法律法规相协调、与高等教育全面发展相衔接、与大学生成长成才需要相适应的思想政治教育和管理的制度体系。要加大大学生思想政治教育工作的经费投入，教育行政部门和学校要合理确定思想政治教育工作方面的经费投入科目，列入预算，确保各项工作顺利开展。学校要为开展大学生思想政治教育工作提供必要的场所与设备，不断改善条件，优化手段。要把大学生思想政治教育工作作为对高等学校办学质量和水平评估考核的重要指标，纳入高等学校党的建设和教育教学评估体系。

30. 加强大学生思想政治教育科学研究工作。各级宣传和教育行政部门要组织专家学者积极开展科学研究，为加强和改进大学生思想政治教育提供理论支持和决策依据。各地哲学社会科学规划工作领导部门要把大学生思想政治教育重大问题研究列入规划。各级高等学校思想政治教育研究会等学术研究机构和团体要加强自身建设，发挥在大学生思想政治教育科学研究、决策咨询、工作指导等方面的重要作用。

二○○四年八月二十六日

共青团中央　教育部关于加强和
改进大学生社团工作的意见

（中青联发〔2005〕5 号，2005 年 1 月 13 日印发）

为贯彻落实《中共中央　国务院关于进一步加强和改进大学生思想政治教育的意见》（中发〔2004〕16 号）精神，现就加强和改进大学生社团工作提出如下意见。

一、充分认识加强和改进大学生社团工作的重要性

大学生社团是由高校学生依据兴趣爱好自愿组成，按照章程自主开展活动的学生组织。高校学生社团活动是实施素质教育的重要途径和有效方式，在加强校园文化建设、提高学生综合素质、引导学生适应社会、促进学生成才就业等方面发挥着重要作用，是新形势下有效凝聚学生、开展思想政治教育的重要组织动员方式，是以班级年级为主开展学生思想政治教育的重要补充。

随着社会发展、科技进步和教育改革的不断深入，高校学生社团在发展过程中出现了网络社团增多、跨校活动增多、与社会联系增多等新情况和新趋势。大学生社团在建设中存在着管理不够规范、硬件条件有限、发展还不平衡等问题。在新形

势下，各地各高校要从加强和改进大学生思想政治教育，全面推进素质教育，实施科教兴国、人才强国战略，培育中国特色社会主义事业合格建设者和可靠接班人的高度进一步加强和改进大学生社团工作。

二、明确加强和改进大学生社团工作的总体要求和主要任务

加强和改进大学生社团工作的总体要求是：以邓小平理论和"三个代表"重要思想为指导，全面贯彻党的教育方针；以推动大学生全面发展为目标，坚持以人为本，全面推进素质教育，充分发挥学生自我教育、自我管理、自我服务的积极性；坚持建设和管理并重，积极扶持、规范运作，促进健康发展；推动学生社团在活跃校园文化、加强和改进大学生思想政治教育、服务学校改革发展稳定等方面发挥更大的作用。

加强和改进大学生社团工作的主要任务是：积极支持学生社团活动，大力促进学生社团发展；切实加强对学生社团管理，引导学生社团健康发展。

三、积极支持大学生社团开展健康有益的活动

支持学生社团开展活动。支持和引导学生社团依据国家的法律法规，按照各自《章程》，独立自主地开展理论学习、学术科技、文化娱乐、社会实践、志愿服务、体育竞技等活动。各地各高校可以根据实际情况，通过举办优秀社团评比展示、社团文化节、社团活动展演等方式，进一步活跃社团活动，扩

大社团在学生中的影响，为学生社团发展注入活力、创造条件、搭建舞台、营造氛围。团中央、教育部将定期组织社团开展交流活动，评选全国优秀学生社团。

加强对学生社团的指导。在学生社团发展过程中，要加强工作指导，把握正确方向。大力扶持理论学习型社团，热情鼓励学术科技型社团，正确引导兴趣爱好型社团，积极倡导社会公益型社团。要充分调动专业教师的积极性，选派有专长和责任心强的教师指导学生社团建设，并创造条件，提高社团指导教师的主动性、积极性、创造性和工作水平。

加强学生社团骨干队伍建设。高度重视对学生社团负责人的选拔培养，使那些思想过硬、作风正派、素质全面、有社会工作能力的学生担任社团负责人。要有计划地对学生社团负责人进行培训，有针对性地提高他们的综合素质。要把学生社团负责人和骨干人员纳入到团学干部体系，在推优评奖和综合测评等方面充分考虑他们从事社团工作及其业绩，通过他们凝聚更多的学生，使社团聚集在党团组织周围。

加大对学生社团建设的投入。高校要提供学生社团活动的必要经费，保证学生社团活动正常开展。要积极支持和引导监督学生社团通过吸纳社会赞助和提供有偿服务的方式募集活动资金。要在活动场地、活动条件等方面给予学生社团以优惠和支持，有条件的学校建设学生社团活动中心，为学生社团开展活动提供有力的物质保障。

四、切实加强对大学生社团的领导和管理

建立健全领导体制。各级党委教育部门、共青团组织要切实加强对高校学生社团工作的领导。高校党委要把加强和改进学生社团工作作为学校贯彻党的教育方针、推进素质教育的重要组成部分，纳入学校整个工作计划之中；学校团委要在党委领导下，切实承担起对学生社团的指导和日常管理工作；学校宣传、学生管理、教务、科研等部门要结合工作职能，为学生社团的建设和发展给予支持，提供必要的指导；学校后勤等相关部门要加强对学生社团开展活动的支持和帮助，形成党委领导，行政支持，团组织具体管理，各部门共同关心的管理格局。

切实加强政治领导。学校团委和有关部门要在党委领导下把握学生社团建设和发展的方向。对学生社团组织大规模社会调查、举办哲学社会科学讲座和报告会等活动要严格把关，并加强监督，不使违背宪法和党的路线方针政策的错误观点和言论通过学生社团或社团活动散布、传播。要探索和推进在学生社团中建立党组织、团组织，加强政治指导，在社团活动中融入生动有效的思想政治教育，使学生社团在大学生思想政治教育中更好地发挥作用。

规范完善管理办法。学校团委要设社团部或指派专人负责社团工作，社团数量较多的高校可成立社团联合会，作为学生社团自我管理、自我服务的载体，由校团委负责指导，社团联合会主要负责人由学生会（研究生会）负责社团工作的同学

兼任。各地方和学校要依据本意见制定、修订具体的《学生社团管理办法》，在社团成立、审批、活动开展、工作考核、评优奖先、财务管理和监督、队伍建设等重点环节明确管理内容、目标和办法。要督促学生社团制定、执行《社团章程》和内部工作制度，对学生社团及其成员的行为加以规范，保证学生社团健康、持续、稳定发展。要根据实际情况集中力量建设一批特色鲜明、管理规范、在校园有广泛和积极影响的社团，发挥其示范和带动作用。

不断推动工作创新。要密切关注和研究学生社团发展中的新情况和新问题，以求真务实、与时俱进的精神改进和创新学生社团工作。要积极探索网上社团活动、跨校社团活动、学生社团刊物与宣传活动的管理方式和办法，认真研究学生社团之间竞争加剧、学生社团与学生会及其他学生组织的关系处理、学生社团活动个性化和社会化程度增强等问题。要通过创新工作内容和形式，适应学生需求，增强学生社团和社团活动的吸引力和凝聚力，努力形成新形势下通过学生社团开展思想政治教育的新手段、新方法。

五、不断健全大学生社团发展的工作机制

探索评价机制。要把学生社团活动作为学校贯彻党的教育方针，推进素质教育的重要组成部分，以育人功能和活动效果为主要指标，以年度考核为主要方式，综合评价学生社团的活动和建设。要把学生参与社团活动的情况作为《大学生素质拓展证书》记录的重要内容之一，并纳入到学生综合测评体

系之中。

完善激励机制。要定期对表现优秀的学生社团、成效显著的社团活动、工作出色的社团负责人、积极参与社团活动的学生、成绩突出的社团指导教师和工作人员给予适当的表彰和奖励。

建立研究机制。要以专家学者、干部教师和学生骨干为主体构建研究队伍，关注和研究学生社团发展中出现的新情况、新问题，掌握学生社团工作的动态信息，总结和把握高校学生社团发展的规律，为学生社团的繁荣发展提供理论支持。

关于进一步加强和改进
高等学校共青团建设的意见

中青联发〔2005〕15 号

为适应高等教育改革和发展的新形势，充分发挥共青团在加强和改进大学生思想政治教育中的重要作用，现就进一步加强和改进高等学校共青团建设提出如下意见。

一、站在党的事业长远发展的战略高度，充分认识新形势下进一步加强和改进高校团的建设的重要性和紧迫性

长期以来，高校团组织在党的领导下，全面贯彻党的教育方针，积极适应经济社会发展对人才成长的需要，在团结和带领青年学生跟党走、服务青年学生成长成才等方面发挥了重要作用。当前，我国进入了全面建设小康社会、加快推进社会主义现代化的新的发展阶段。新的形势和任务，要求我们必须进一步加强和改进高校团的建设。

加强和改进高校团的建设，是保证党的事业后继有人的需要。中国特色社会主义事业的薪火相传、蓬勃发展，需要一代

又一代政治坚定、理想远大、素质全面的优秀青年为之不懈奋斗。高校团组织承担着为国家培养优秀后备人才的重要职责。只有进一步加强和改进团的建设，才能充分发挥团组织在大学生思想政治教育中的重要作用，不断培养出中国特色社会主义事业的合格建设者和可靠接班人。

加强和改进高校团的建设，是服务大学生成长成才的需要。当代大学生具有鲜明的时代特点，在"四个多样化"的社会背景下，当代大学生的成长发展、学习生活、择业交友都遇到了一些新问题，迫切需要团组织的关心和帮助。高校团组织必须进一步加强自身建设，才能不断提高服务学生的能力，始终保持在学生中的吸引力和凝聚力。

加强和改进高校团的建设，是团的事业适应新形势、实现新发展的需要。全面建设小康社会宏伟目标的制定，中央关于加强和改进大学生思想政治教育战略的实施，高等教育体制改革的不断深化，都为高校共青团提供了难得的发展机遇，同时也提出了新的更高的要求。高校团组织必须主动顺应新形势的要求，找准新的工作定位，拓展新的工作领域，探索新的工作方式，开创新的工作局面。

二、以"三个代表"重要思想为指导，进一步加强和改进高校团的思想建设

共青团是党的助手和后备军，承担着为党做好青年工作的光荣使命。高校共青团在培养中国特色社会主义合格建设者和接班人的过程中承担着重要职责，必须始终把思想建设作为高

校团的建设的首要任务，把自己锻造成团结和凝聚大学生跟党走中国特色社会主义道路的坚强核心。

坚持用"三个代表"重要思想武装头脑。认真学习马列主义、毛泽东思想、邓小平理论和"三个代表"重要思想，牢固树立以人为本、全面协调可持续的科学发展观，全面理解构建和谐社会的深刻内涵。建章立制，形成相对固定的学习制度，不断推进思想建设的制度化和规范化。把思想建设与社会实践紧密结合，通过深入实践，不断深化和增强对党的方针政策的理解。

坚持解放思想、实事求是、与时俱进的思想路线。保持思想认识、理论水平、应变能力和党性修养的与时俱进，按照"三个代表"的要求，用发展的马克思主义指导高校团的建设的实践，从实际出发，认真研究团的建设出现的新情况新问题，总结新的经验，探索新的路子。

保持求真务实的工作作风。高校团的干部要躬行"两个务必"，贯彻"八个坚持、八个反对"。始终保持高昂的工作热情，对待工作高度认真负责。注重理论学习和专业学习相结合，不断提高思想政策水平、专业水平和实际工作能力。牢固树立科学的发展观和正确的政绩观，克服浮躁情绪，加强调查研究，强化服务意识，深入学生实际，和学生交朋友，切实帮助学生解决实际问题。

三、以活跃基层组织为重点，进一步加强和改进高校团的组织建设

加强基层组织建设，活跃团的基层工作。基层组织是团的全部工作和战斗力的基础。要巩固班级团支部建设，在思想教育、发展团员、推优入党、开展文化活动、解决学生各种困难等方面充分发挥其作用。加强院系团委（团总支）建设和研究生团组织建设。坚持多种模式、多重覆盖，创新和发展新的建团模式。根据需要，在学生公寓和学生社团中建立团组织，尝试在活动项目、网络虚拟群体中建立团组织。以思想建设为核心，以活动为载体，全面活跃基层团组织，促进高校基层团组织焕发新的活力。

加强团员队伍建设，强化团员意识。通过重温入团誓词、组织团支部集体活动等多种形式，不断增强团员的荣誉感，保持团员的先进性。认真做好推荐优秀团员作为党的发展对象工作，使"推优"成为在大学生中发展党员的主渠道，使优秀团员成为学生党员的主要来源。善于发现和树立先进团员的典型，大力表彰先进。对德才表现突出的优秀团员，在推荐研究生和毕业分配时，学校有关部门要适当优先考虑。

加强团干部队伍建设，提高团干部综合素质。把德才兼备、有培养前途的青年教师和优秀毕业生选拔到团的工作岗位上来，建设一支以专职干部为骨干，专、兼职相结合的高质量的团干部队伍。加强对团干部的培养、培训，选送优秀的团干部攻读思想政治教育相关专业的硕士、博士学位，组织参加业

余党团校学习、社会实践考察、挂职锻炼等活动，不断提高团干部的综合素质。

四、以提高服务能力为核心，进一步加强和改进高校团的职能建设

高校共青团要从加强团的能力建设和保持团的先进性出发，进一步明确新形势下团的各项工作职能。同时，要根据形势发展和大学生实际需求的变化，不断强化和完善工作职能，探索和开辟新的工作项目。

强化高校团组织的教育职能。坚持育人宗旨，通过开展生动有效的思想政治教育活动，帮助大学生不断提高政治理论素质和思想道德素质，增强法律意识和守信意识。以理想信念教育为核心，深入进行树立正确的世界观、人生观和价值观教育；以爱国主义为重点，深入进行弘扬和培育民族精神教育；以基本道德规范为基础，深入进行公民道德教育。以"大学生素质拓展计划"为统揽，深入开展"三下乡"、"四进社区"、"志愿服务"、"红色之旅"等社会实践活动，着力加强以"挑战杯"为龙头、以"校园文化节"为载体的校园文化建设，引导大学生全面发展，成长成才。

突出高校团组织的服务职能。始终坚持把服务学生作为高校团的工作的出发点和落脚点，积极帮助广大学生解决和处理好学习和生活中遇到的具体问题。采取有效措施，通过济困助学、勤工助学，认真做好关心和服务经济困难大学生工作。深入实施"心理阳光工程"，积极参与大学生心理健康教育，为

大学生提供及时有效的心理咨询服务。加强对大学生创业就业的指导，帮助他们培养创业意识，树立正确的就业观念，不断提高创业素质和就业本领。

巩固高校团组织的管理职能。全面加强和改进对学生会、研究生会、学生社团组织的指导。学校团委应选派优秀的干部，担任校级学生会、研究生会组织的秘书长。帮助学生会、研究生会组织研究制定工作计划和重要工作决策，把握好工作的政治方向，做好主要干部候选人的选拔、推荐工作和主要干部的培养工作。校、院系团委（团总支）要选派得力干部具体负责指导学生社团工作。要通过吸收学生社团主要干部参加业余团校的学习、评选优秀学生社团和社团活动等办法，把学生社团的主要干部团结在团组织的周围，开展丰富多彩的社团文化活动。

五、坚持党建带团建，进一步加强党对高校团的建设的领导

各级党委要高度重视高校团的建设，按照党建带团建的要求，切实加强对团的建设的领导。要把高校团的建设纳入党的建设的总体格局，把团建工作开展情况作为检查、评估、考核校、院系党建工作的一项重要内容，予以高度重视。

高校党委要有一名副书记分管共青团工作，高校行政也应有一名副校长联系共青团工作。高校党委每学年应召开一至二次专题会议，研究团的工作。校团委书记可以列席校务会议，党员校团委书记可以列席校党委、常委的有关会议。

高校党政领导要支持共青团按照团章独立自主地开展工作，不得把团的组织机构撤消、合并或归属于其他工作部门，已经合并或归属其他部门的，应尽快采取措施予以纠正。高校团委领导职数和高校专职团干部的人数，根据学校规模和工作需求而定，要充分保证共青团工作正常开展的需要。在校学生数在10000人以下的学校，校团委专职团干部的编制不得少于5人；10000人至25000人的学校，不得少于9人；25000人以上的学校，不得少于12人，分校区较多的学校，还应酌情增加。院系团委（团总支、教工团总支）必须配备至少1名专职团干部。校级团委正、副书记按学校部、处级干部配备、管理，并享受相应待遇；校团委各部部长和院系团总支书记应按科级干部配备、管理，并享受相应待遇。要积极为团组织开展工作创造条件，提供必要的活动场所、设备，保证必要的活动时间，要按照在校生人均不低于20元的标准划拨校级团委日常工作经费。

共青团中央、教育部党组将组成督查组，就各地贯彻落实本意见的情况进行检查督导。

共青团中央　教育部

二〇〇五年四月八日

教育部关于进一步加强和改进
研究生思想政治教育的若干意见

教思政〔2010〕11 号

各省、自治区、直辖市党委教育工作部门、教育厅（教委），
新疆生产建设兵团教育局，有关部门（单位）教育司（局），
部属各高等学校：

为深入贯彻落实《中共中央国务院关于进一步加强和改进大学生思想政治教育的意见》（中发〔2004〕16 号）和《国家中长期教育改革和发展规划纲要（2010—2020 年)》精神，贯彻落实全国教育工作会议及全国加强和改进大学生思想政治教育工作座谈会精神，提高研究生的思想政治素质，促进研究生全面发展，现就进一步加强和改进研究生思想政治教育提出以下意见。

一、充分认识加强和改进研究生思想政治教育的重要性和紧迫性

1. 研究生教育是高等教育人才培养的最高层次，是我国社会主义现代化建设拔尖创新人才培养的重要渠道。研究生思

想政治教育是研究生教育的重要组成部分。育人为本、德育为先，立德树人是教育的根本任务。加强和改进研究生思想政治教育，是深入推进素质教育、全面提升研究生培养质量、推动高等教育改革发展的需要，是维护高等学校和社会稳定、建设和谐校园、构建和谐社会的需要，是深入贯彻落实科学发展观，进一步推动中发〔2004〕16号文件贯彻落实，培养德智体美全面发展的中国特色社会主义事业合格建设者和可靠接班人的需要。

2. 总体上看，广大研究生的思想政治状况是积极、健康、向上的。但是，在一些研究生身上仍不同程度地存在着理想信念模糊、集体观念淡薄、学术道德失范、知行不够统一等问题。特别是研究生面临学业、就业、经济、婚恋等实际困难及压力，在成长发展过程中需要对其进一步加强教育引导。中发〔2004〕16号文件下发以来，各地和高等学校按照文件有关要求，积极采取措施，努力探索加强和改进研究生思想政治教育的有效形式和办法，取得了重要进展。但是，研究生思想政治教育仍是大学生思想政治教育中相对薄弱的环节，部分高等学校重视不够，领导体制和工作体制尚不健全，缺乏相应的专职工作队伍，条件保障还不完全到位。特别是面对研究生规模扩大、培养模式和管理方式发生变化的新情况新要求，还缺乏积极应对的有效办法。加强和改进研究生思想政治教育，是当前全面推进大学生思想政治教育工作中一项十分紧迫的任务。

二、切实健全完善研究生思想政治教育的领导体制与工作机制

3. 建立健全研究生思想政治教育领导体制和工作机制。高等学校要建立和完善党委统一领导、党政齐抓共管、专兼职队伍相结合、全校紧密配合、研究生自我教育的领导体制和工作机制，把研究生思想政治教育纳入学校学生思想政治教育整体规划，统一部署、统一实施、统一检查和评估。学校党委要有一名负责同志统筹负责包括研究生在内的各类学生的思想政治教育工作，要有专门的工作部门负责研究生思想政治教育。学校负责研究生培养和管理的行政领导和有关部门要高度重视，与党委有关工作部门共同研究抓好研究生思想政治教育，把思想政治教育渗透到研究生培养和管理的各个环节，贯穿到研究生培养和管理的全过程，做到思想政治教育与业务培养紧密结合，努力形成全员育人、全方位育人、全过程育人的格局。

4. 完善研究生思想政治教育工作机构。研究生数量达到一定规模的高等学校，原则上应该设立党委研究生工作部，负责组织实施全校的研究生思想政治教育工作。研究生规模较小的高等学校，可在研究生培养部门或党委学生工作部门设立专门的研究生思想政治教育机构，选派专人负责有关工作。院（系）党政要具体负责本院（系）的研究生思想政治教育，并落实具体责任人。

三、努力拓展新形势下研究生思想政治教育的有效途径

5. 充分发挥课堂教学在研究生思想政治教育中的主导作用。要将社会主义核心价值体系融入教育全过程，坚持不懈用马克思主义中国化最新成果武装学生头脑。要认真落实《中共中央宣传部教育部关于高等学校研究生思想政治理论课课程设置调整的意见》（教社科〔2010〕2 号）要求，做好研究生思想政治理论课课程新方案试点和实施工作。要贴近研究生思想和学习实际，以研究型教学为导向，积极探索行之有效的教育方法和教学模式，创新考试考核办法。思想政治理论课教学要与社会实践相结合，积极引导研究生在实践中进一步加深对思想政治理论课教学内容的理解，不断提高运用马克思主义立场观点方法分析和解决问题的能力。要积极发掘各类课程尤其是专业课的思想政治教育资源，将思想政治教育融入到研究生课程学习的各个环节，加强形势与政策教育，加强廉洁教育，引导研究生树立正确的世界观、人生观、价值观和荣辱观。

6. 加强研究生学术文化建设。要注意在研究生学术活动中融入思想政治教育内容，促进研究生学术科研能力和思想道德素质同步提高，培养研究生不畏艰难的科学作风、严谨求实的优良学风、求新探异的创新意识、艰苦奋斗的创业品格、合作沟通的团队精神。要积极引导研究生将学术研究与经济社会发展需求有机结合起来，鼓励研究生参与国家重大科研课题。要制订研究生学术道德规范，加强对研究生的学术道德教育，

并将其纳入学校研究生教育培养体系。

7. 广泛开展社会实践和志愿服务活动。要强化研究生实践教育环节，将社会实践纳入研究生培养方案，作为研究生培养的必要环节，做到有计划、有规范、有考核，形成长效机制。要积极与企事业单位、部队、地方政府等共同建立研究生社会实践基地，建立社会实践保障体系，安排必要的研究生社会实践专项经费。研究生要结合个人专业知识和研究成果，以科研报告、技术开发和推广、挂职锻炼等形式为经济社会发展服务，并在社会实践和志愿服务活动中受教育、长才干、做贡献。

8. 加强研究生心理健康教育和咨询工作。要积极开展研究生心理健康普查、心理健康教育、心理咨询和危机干预等工作。要根据研究生的心理特点，开发有针对性的个体服务和团体辅导项目，帮助他们解决好情绪调节、环境适应、人格发展、人际交往、交友恋爱、择业就业等方面的困惑，增强心理调适能力，提高心理健康水平。

9. 努力解决研究生的实际问题。要建立渠道，加强研究生与学校、导师及同学之间的沟通与交流，及时发现他们的实际问题，并积极创造条件，努力帮助他们解决所面临的实际困难，排忧解难。要建立健全研究生教育收费制度，完善资助政策，设立研究生国家奖学金。要关心研究生学习、科研、生活条件的改善，尽可能为研究生提供校内兼职岗位，承担教学、科研、管理辅助等"三助"（助教、助研、助管）工作。要为研究生提供良好的就业创业服务，帮助他们树立正确的择业观和就业观。鼓励研究生自主创业，引导他们结合国家需要和自身所长，到基层、西部和国家重点行业去建功立业。

四、充分发挥研究生在思想政治教育中的主体作用

10. 大力加强研究生党建工作。研究生党支部是发挥研究生思想政治教育主体作用的重要组织依托。高等学校要加强研究生基层党组织建设，坚持把研究生党支部建在班上。要加强党支部建设的制度化和规范化。要积极探索符合研究生特点的组织生活形式，尝试在学科、实验室、课题组等建立党的组织，使党员教育与研究生的实际需求相结合、与研究生的学术科研相结合、与研究生的成长成才相结合，提升研究生党员教育的有效性，引导研究生党员在创先争优中加强党性锻炼，发挥先锋模范作用。

11. 大力加强研究生团学组织和班级建设。共青团组织、研究生会、研究生社团等团学组织和研究生班级是发挥研究生思想政治教育主体作用的具体组织形式。高等学校要充分发挥研究生团学组织和班级在教育、团结和联系研究生方面的优势，针对研究生特点，开展富于思想性、教育性的各类活动，浓厚学术氛围，丰富校园文化，为广大研究生成长成才服务。要充分发挥网络在研究生思想政治教育中的作用，加快推进"易班"等学生网上互动社区建设。研究生团组织要加强对研究生校园文化活动的指导，并积极为各类研究生群众组织开展活动创造条件，为研究生自我教育、自我管理、自我服务搭建平台。

12. 充分调动和发挥研究生自我教育的积极性、主动性。研究生文化水平高、民主参与意识突出、自我管理能力较强，在思想政治素质的培养和成长成才的过程中，更应体现自身的主动性、自觉性和参与性。要积极为研究生开展自我教育创造条件，指导和帮助他们在完成学业的同时提高自身思想政治素质，增长才干，全面发展。要加强研究生骨干培养，发挥其在研究生思想政治教育中的榜样带动作用。要鼓励优秀研究生担任本科生的兼职辅导员、班主任，发挥他们在本科生思想政治教育中的积极作用，引导他们在参与育人的过程中加强自我教育。要注重表彰和宣传研究生中的先进典型，努力营造研究生自我教育的良好环境和氛围。

五、切实加强研究生思想政治教育工作队伍建设

13. 研究生思想政治教育工作队伍是加强和改进研究生思想政治教育的组织保证。高等学校要根据研究生的特点和教育规律，建立起以研究生导师和辅导员为主体的研究生思想政治教育工作队伍。同时，要明确专门的党政干部和共青团干部负责组织协调研究生思想政治教育工作，充分发挥思想政治理论课和哲学社会科学课教师在研究生思想政治教育中的相应作用。

14. 充分发挥导师在研究生思想政治教育中首要责任人的作用。教书和育人是导师的两大基本职责。导师负有对研究生进行思想政治教育的首要责任。导师要了解掌握研究生的思想状况，全面关心研究生的成长，帮助他们解决学习和生活中遇

到的困难和问题；要在教学和科研实践中培养研究生良好的学风，严格要求学生遵守学术道德规范；要对研究生进行就业指导，鼓励他们为社会主义现代化建设做出贡献。高等学校要定期组织导师开展教书育人工作经验交流，定期评选优秀导师，不断提高导师育人水平。要积极构建研究生导师育人的有效机制，完善相关政策，明确导师的责任与义务，鼓励导师参与到研究生党团和班集体建设及各类活动中，有效调动导师育人的积极性和主动性。要把育人作为遴选研究生导师的必要条件，实施"一票否决"制。要制订导师教书育人工作的考核奖惩办法，定期进行考核检查。

15. 建设一支以专职为骨干、专兼结合的研究生辅导员队伍。高等学校要结合实际工作需要，选聘一定数量的硕士学位以上优秀毕业生专职从事研究生辅导员工作，加强培养培训，使他们成为研究生辅导员的骨干，支持他们把研究生思想政治教育作为专业去建设、作为职业去发展、作为事业去追求，成为专门人才。要充分利用青年教师资源，作为研究生辅导员配备的重要补充。要按照《普通高等学校辅导员队伍建设规定》的要求，制定政策，创造条件，有计划地选拔思想素质高、业务能力强的新上岗专业课年轻教师充实到研究生辅导员队伍中，专职从事一定时间的辅导员工作，并选聘部分优秀教师、博士生兼职从事研究生辅导员工作。

六、为研究生思想政治教育工作持续深入开展提供保障

16. 加强对研究生思想政治教育工作的领导。高等学校党委和行政部门要定期听取关于研究生思想政治教育工作的汇报，及时研究解决研究生思想政治教育工作中的实际问题，使各项工作落到实处。要在大学生思想政治教育年度经费预算中安排研究生思想政治教育经费。要把研究生思想政治教育作为对高等学校办学质量和水平评估的重要指标，列入高等学校党建和研究生教育评估体系，一并检查评估。

17. 努力形成研究生思想政治教育工作的合力。高等学校有关部门要各司其职、各负其责，切实承担起在研究生思想政治教育中的责任。研究生思想政治教育具体主管部门要加强统筹规划，主动与有关部门沟通信息，调动各方面的育人积极性。研究生教育职能管理部门要注意运用政策法规、资源配置、信息服务和必要的行政手段配合研究生思想政治教育工作，把思想政治教育始终贯穿于研究生培养的全过程，促进专业教育与思想政治教育的协调发展。其他各有关部门要立足实际，积极配合，做好管理育人、服务育人工作。

18. 加强研究生思想政治教育的科学研究。高等学校要认真研究和探索新形势下与研究生培养机制改革相适应的研究生思想政治教育的特点和规律，为加强研究生思想政治教育工作提供理论支持和决策依据。要加强从事研究生思想政治教育的学术研究机构和团体的建设，发挥其在研究生思想政治教育、

决策咨询、工作指导等方面的重要作用。

各省（区、市）党委教育工作部门和高等学校党委要根据本意见，结合实际，制订具体实施意见和细则。

中华人民共和国教育部

二〇一〇年十一月十七日

中共教育部党组　共青团中央关于在各级各类学校推动培育和践行社会主义核心价值观长效机制建设的意见

教党〔2014〕40 号

各省、自治区、直辖市党委教育工作部门、教育厅（教委）、团委，新疆生产建设兵团教育局、团委，教育部直属各高等学校党委，中国青年政治学院党委：

为深入贯彻党的十八大、十八届三中全会和习近平总书记系列重要讲话精神，落实中央《关于培育和践行社会主义核心价值观的意见》（中办发〔2013〕24 号），深入持久、扎实细致地推进社会主义核心价值观培育践行工作长效化常态化科学化，现就在各级各类学校推动培育和践行社会主义核心价值观长效机制建设提出以下意见。

一、推动培育和践行社会主义核心价值观长效机制建设的重要意义、指导思想和主要原则

1. 充分认识培育和践行社会主义核心价值观长效机制建设的重要意义。社会主义核心价值观是我们党凝聚全党全社会

价值共识作出的重要论断，积极培育和践行社会主义核心价值观是学校落实立德树人根本任务的核心要求。近年来，各地各校和共青团组织将培育和践行社会主义核心价值观作为重要任务，从认知、践行、传播、引领等环节入手，开展了主题鲜明、形式多样的教育实践活动，取得了积极进展。同时要看到，面对世界范围思想文化交流交融交锋形势下价值观较量的新态势，面对改革开放和发展社会主义市场经济条件下思想意识多元多样多变的新特点，抓好青少年价值观教育养成的任务十分艰巨而紧迫。将培育和践行社会主义核心价值观作为一项长期性系统性工作，不断创新方式方法、探索有效形式、形成长效机制，对于深化教育领域综合改革，培育德智体美全面发展的社会主义建设者和接班人，实现中华民族伟大复兴中国梦具有十分重要的意义。

2. 在学校推动培育和践行社会主义核心价值观长效机制建设的指导思想是：高举中国特色社会主义伟大旗帜，以邓小平理论、"三个代表"重要思想、科学发展观为指导，贯彻落实习近平总书记系列重要讲话精神，紧紧围绕"倡导富强、民主、文明、和谐，倡导自由、平等、公正、法治，倡导爱国、敬业、诚信、友善"，紧紧围绕立德树人根本任务，综合运用教育教学、实践养成、文化熏陶、制度保障、研究宣传等方式，重点在"融入"上下功夫，把社会主义核心价值观纳入国民教育全过程，落实到教育教学和管理服务各环节，覆盖到所有学校和受教育者，形成培育和践行社会主义核心价值观工作长效机制，使广大师生自觉将社会主义核心价值观内化于心、外化于行。

3. 在学校推动培育和践行社会主义核心价值观长效机制
建设的主要原则是：坚持系统规划，整体推进，不断完善培育
和践行社会主义核心价值观的顶层设计；坚持分类指导，重点
突破，形成可示范可引领可推广的工作动力系统、激励机制和
实践模式；坚持落细落小落实，形成广大师生日常行为准则，
增强自觉奉行和践行能力；坚持继承创新，善于运用青少年喜
闻乐见的方式，推进理念创新、方法创新，注重总结凝练基层
创新的经验和智慧，增强工作针对性实效性。

二、推动社会主义核心价值观融入教育教学

4. 研制中国学生发展核心素养体系。明确学生适应终身
发展和社会发展需要的必备品格和关键能力，系统落实社会主
义核心价值观的要求。依据学生发展核心素养体系，建立和完
善各学段、各学科课程教学有关标准，根据标准调整课程教
材，构建各级学校有机衔接的课程教材体系。

5. 修订德育、语文、历史教材。充分发挥基础教育课程
教材专家咨询委员会、专家工作委员会和全国职业教育教材审
定委员会作用，组织开展义务教育和中等职业教育德育、语
文、历史教材的编写、修订和审查。根据中小学生身心发展规
律和年龄特征，系统完善地落实国家主权意识、社会主义核心
价值观、中华优秀传统文化、民族团结教育等内容，融入课程
标准、教材编写、考试评价之中。

6. 实施高校课程体系和教育教学创新计划。整体推进教

材、教师、教学、评价、学科、保障等方面综合改革创新，发掘各学科思想政治教育资源，不断提高课堂开展社会主义核心价值观教育的实效性。结合马克思主义理论研究和建设工程实施，丰富社会主义核心价值观教育的内容。促进社会主义核心价值观融入专业课程教学，打造由思想政治理论课、专业课程、社会实践、网络教学等构成的教育教学体系。

三、推动社会主义核心价值观融入社会实践

7. 建立完善师生志愿服务体系。成立全国和地方公益性教师志愿服务组织，协调指导教师志愿者开展活动，着眼于服务好教育系统这个大任务，逐步向服务社会延伸。制订实施《学生志愿服务管理办法》，建立健全学生志愿服务工作体系、评价体系和保障体系，推动学雷锋志愿服务常态化。

8. 实施"实践育人共同体建设计划"。促进政府、学校、企业、社会等按照"目标共同、机制共建、资源共享、责任共担"原则建立实践育人共同体，整合各方资源、发挥集聚效应、推进深度融合，实现实践育人规范化管理、常态化服务、品牌化培育、项目化配置、信息化支撑、社会化运作。通过共同体建设，为学生实践搭建平台，提升学生创新实践能力，深化学生对社会主义核心价值观的理解和认识。

9. 深化主题社会实践和志愿公益活动。组建社会主义核心价值观"大学生讲师团"，结合大学生实习基地建设和农村（社区）基层党校建设，建立讲师团定点合作单位，构建覆盖广大农村、城镇的网络阵地，向基层群众宣讲社会主义核心价

值观。深化暑期"三下乡"等社会实践活动，积极开展社会调查、文艺演出、公益服务等。组织学生利用节假日、纪念日及课余时间，走进学校周边社区和群众，长期化开展扶贫济困、应急救援、大型活动、环境保护等方面的志愿公益活动。

四、推动社会主义核心价值观融入文化育人

10. 创新主题教育活动形成校园文化品牌。编写传唱社会主义核心价值观童谣诗歌，通过定期征集、教唱、展示、评比等环节，使学生熟记社会主义核心价值观24个字。开学初集中开展"社会主义核心价值观宣传周"活动，组织报告会、分享会等形式多样的宣传教育活动。开展"我为核心价值观代言"活动，组织动员学生结合自身经历，以文字、图片、视频、动漫、微电影等方式表达对社会主义核心价值观的理解感悟。形成"爱学习、爱劳动、爱祖国""节粮、节水、节电"活动长效机制，促进"奋斗的青春最美丽""与信仰对话""与人生对话""彩虹人生""文明风采"等品牌活动长期化开展。深化实施"青年马克思主义者培养工程"，充分发挥大学生骨干的示范导向作用。

11. 加强优秀传统文化和传统美德教育。在日常教育管理中积极融入中华优秀传统文化和传统美德教育，抓住民族传统节日等契机，开展经典诵读、知识竞赛等活动；组织学生积极参与"全国大学生道德实践成果网络巡礼""道德模范进校园""礼敬中华优秀传统文化"系列活动。结合学校地缘优势和历史、文化、革命传统，开展形式多样的教育实践活动，以

"校训""校歌"等为载体，通过讲故事、谈人物等方式，深入挖掘其蕴含的历史文化积淀，增强学生文化自信和价值观自信。加强民族传统体育项目、艺术形式的宣传推广，发挥体育综合育人功能，通过体育竞赛、艺术展演等形式，激励学生强健体魄、磨炼意志、全面发展，自觉践行社会主义核心价值观。

12. 充分利用现有平台繁荣校园文艺创作。继续抓好高雅艺术进校园、全国大中小学生艺术展演、创建中华优秀文化艺术传承学校等活动，不断提升活动的审美和人文品质，使之成为宣传社会主义核心价值观的有力阵地。激发师生自主创作能力，打造一批以爱国将领、革命英雄、科学先驱、道德模范、敬业典型、志愿服务标兵等为原型的歌舞剧、话剧，组织推动校内、校外巡演。创作一批以弘扬社会主义核心价值观为主题的诗歌、散文、歌曲、动漫、视频、微电影、公益广告等文化作品，建立社会主义核心价值观优秀文化作品资源库，分学段、分层次地在大中小学进行展演、展映、展播。

13. 选树传颂"校园好故事""校园好声音"。发掘身边好人好事，开展践行社会主义核心价值观先进个人寻访、优秀集体创建和校歌、班歌征集与宣传活动。以"校园好故事""校园好声音""校园好集体"等主题活动为载体，选树在热爱祖国、敬业奉献、勤奋学习、志愿服务、热心助人、见义勇为、诚实守信、孝老爱亲等方面表现突出的青少年学生楷模以及优秀班团集体。以先进事迹报告会、主题巡讲、歌咏、朗诵比赛、视频展播等形式，大力宣传校园好人好事，营造崇德向

善、见贤思齐的浓厚氛围。遴选一批与社会主义核心价值观高
度契合的校歌、班歌，深入挖掘校歌、班歌传递的价值内涵和
文化底蕴，并通过各类媒体平台进行传播。

五、推动社会主义核心价值观融入制度建设

14. 完善学校规章制度。按照社会主义核心价值观的基本
要求，推进现代学校制度建设，完善学校规章制度。完善教师
管理规定、学生守则公约等师生行为准则，使社会主义核心价
值观成为学校生活的基本遵循。建立和规范学校礼仪制度，丰
富升国旗仪式、成人仪式、入党入团入队入学仪式等典礼的内
涵，强化仪式庄严感和教育意义。将社会主义核心价值观作为
学校基层党团组织主题生活会、党团日、班会的重要内容。

15. 探索建设学生诚信档案。建立健全大学生诚信档案，
签订学生校园诚信承诺书，涵盖学业诚信、学术诚信、经济诚
信、就业诚信等内容，将诚信档案作为大学生思想政治教育测
评的重要依据。加大对失信行为的约束和惩戒力度。构建各学
段有机衔接的信用约束机制，分层推进诚信档案建设。

16. 落实师德建设长效机制。把社会主义核心价值观纳入
教师教育课程体系，融入教师职前培养准入、职后培训管理全
过程。全面落实《关于建立健全中小学师德建设长效机制的
意见》和《关于建立健全高校师德建设长效机制的意见》，创
新师德教育，加强师德宣传、健全师德考核、强化师德监督、
注重师德激励、严格师德惩处，推动广大教师坚定理想信念、
遵守职业道德、承担育人职责、永怀仁爱之心。充分激发教师

加强师德建设的自觉性，鼓励教师弘扬重内省、重慎独的优良传统，在细微处见师德，在日常中守师德，养成师德自律习惯，将师德规范积极主动融入教育教学、科学研究和服务社会的实践中，提高师德践行能力。

六、加强组织领导，推进社会主义核心价值观研究传播

17. 强化工作保障。各地各校要建立健全社会主义核心价值观培育践行工作机制，明确领导责任制，切实加强组织领导、具体指导和督促检查，把落实社会主义核心价值观长效机制建设情况以及取得的实际效果作为干部考核考评和思想政治教育工作测评的重要指标。各地各校要结合实际，独立形成符合自身特色、文化传统和师生情况的培育理念、工作思路和践行机制，制订、实施切实可行的工作纲要、计划和举措。根据职责任务，在经费、人员以及信息技术手段等方面提供必要保障。

18. 深入开展理论研究。充分发挥教育系统特别是高校理论研究优势，在教育部人文社会科学研究、共青团和青少年工作等课题和项目中设立"社会主义核心价值观培育和践行"研究专项，重点支持相关课题研究、学术研讨、著作出版，系统研究社会主义核心价值观的历史渊源、重大意义、科学内涵、基本要素和实践途径，为培育和践行社会主义核心价值观提供理论基础和学理支撑。

19. 发挥新媒体传播作用。充分发挥网络新媒体优势，围

绕中国特色社会主义、中国梦等主题，线上线下相结合，开展网络主题教育活动，扩大社会主义核心价值观网上宣传的覆盖面和影响力。建设好使用好网络平台，加强中国大学生在线、中国青年网、未来网、"易班"网、校园和各级共青团组织公共微博、微信等平台建设，向师生定期推送电子报刊、校园信息，宣传报道践行社会主义核心价值观的典型人物和事迹，产生可敬、可亲、可学的示范效应。发挥新媒体互动交流功能，发挥专家学者、辅导员、共青团网络宣传员队伍作用，增强设置议题和主动发声能力，引领师生思潮，促进社会主义核心价值观网络化传播。

20. 积极推动工作创新。积极探索新思路、新方法、新举措，重视和加强对工作全局性、前瞻性、规律性问题的研究，增强工作针对性、创新性和实效性，推动工作创新发展。不断总结好经验好做法，通过召开工作经验交流会、座谈研讨会等方式，研究、总结、推广培育和践行社会主义核心价值观的理论和实践成果，形成各地各校培育践行社会主义核心价值观整体推进的良好态势。

中共教育部党组　共青团中央

2014 年 10 月 17 日

中共中央办公厅、国务院办公厅印发《关于进一步加强和改进新形势下高校宣传思想工作的意见》

新华社北京 1 月 19 日电　中共中央办公厅、国务院办公厅最近印发《关于进一步加强和改进新形势下高校宣传思想工作的意见》。《意见》强调指出，意识形态工作是党和国家一项极端重要的工作，高校作为意识形态工作前沿阵地，肩负着学习研究宣传马克思主义，培育和弘扬社会主义核心价值观，为实现中华民族伟大复兴的中国梦提供人才保障和智力支持的重要任务。做好高校宣传思想工作，加强高校意识形态阵地建设，是一项战略工程、固本工程、铸魂工程，事关党对高校的领导，事关全面贯彻党的教育方针，事关中国特色社会主义事业后继有人，对于巩固马克思主义在意识形态领域的指导地位，巩固全党全国人民团结奋斗的共同思想基础，具有十分重要而深远的意义。

《意见》分七个部分：一、加强和改进高校宣传思想工作是一项重大而紧迫的战略任务；二、指导思想、基本原则和主要任务；三、切实推动中国特色社会主义理论体系进教材进课堂进头脑；四、大力提高高校教师队伍思想政治素质；五、不断壮大高校主流思想舆论；六、着力加强高校宣传思想阵地管理；七、切实加强党对高校宣传思想工作的领导。

《意见》指出，在党中央坚强领导下，高校宣传思想战线始终坚持正确政治方向和舆论导向，大学生思想政治教育成效显著，教师思想政治素质明显提高，高校思想理论建设取得新进展，宣传思想阵地管理不断加强，党委统一领导、党政工团齐抓共管的体制机制逐步完善，为办好人民满意教育、维护改革发展稳定大局作出了重要贡献。高校宣传思想领域主流积极健康向上，广大师生对党的领导衷心拥护，对以习近平同志为总书记的党中央充分信赖，对中国特色社会主义事业和实现中华民族伟大复兴的中国梦充满信心。

《意见》指出，加强和改进新形势下高校宣传思想工作的指导思想是：高举中国特色社会主义伟大旗帜，以马克思列宁主义、毛泽东思想、邓小平理论、"三个代表"重要思想、科学发展观为指导，深入贯彻落实党的十八大和十八届二中、三中全会精神，深入贯彻落实习近平总书记系列重要讲话精神，全面贯彻党的教育方针，强化政治意识、责任意识、阵地意识和底线意识，以立德树人为根本任务，以深入推进中国特色社会主义理论体系进教材进课堂进头脑为主线，以提高教师队伍思想政治素质和育人能力为基础，以加强高校网络等阵地建设为重点，积极培育和践行社会主义核心价值观，不断坚定广大师生中国特色社会主义道路自信、理论自信、制度自信，培养德智体美全面发展的社会主义建设者和接班人。

《意见》指出，加强和改进新形势下高校宣传思想工作的基本原则是：（1）坚持党性原则、强化责任。切实担负起政治责任和领导责任，提高领导水平，增强驾驭能力，敢抓敢管、敢于亮剑，做到守土有责、守土负责、守土尽责。（2）坚持育人为本、德育为先。把坚定理想信念放在首位，始终坚持用中国特色社会主义理论体系武装师生头脑，确保社会主义办学方向。（3）坚持标本兼治、重在建设。强化依法管理，着力加强制度建设，把高校建设成为学习研究宣传马克思主义的坚强阵地。（4）坚持改革创新、注重实效。准确把握师生思想状况，创新工作理念和方式方法，把解决思想问题与解决实际问题结合起来，不断增强针对性实效性。（5）坚持齐抓共管、形成合力。推动校内外协同配合、全社会支持参与，构建高校宣传思想工作新格局。

《意见》指出，加强和改进新形势下高校宣传思想工作的主要任务是：（1）坚定理想信念，深入开展中国特色社会主义和中国梦宣传教育，加强高校思想理论建设，加强具有中国特色、时代特征的高校哲学社会科学学术理论体系和学术话语体系建设，进一步增强理论认同、政治认同、情感认同，不断激发广大师生投身改革开放事业的巨大热情，凝心聚力共筑中国梦。（2）巩固共同思想道德基础，大力加强社会主义核心价值观教育，把培育和弘扬社会主义核心价值观作为凝魂聚气、强基固本的基础工程，弘扬中国精神，弘扬中华传统美德，加强道德教育和实践，提升师生思想道德素质，使社会主义核心价值观内化于心、外化于行，成为全体师生的价值追求和自觉行动。（3）壮大主流思想舆论，切实加强高校意识形态引导管理，做大做强正面宣传，加强国家安全教育，加强国家观和民族团结教育，管好导向、管好阵地、管好队伍，坚决抵御敌对势力渗透，牢牢掌握高校意识形态工作领导权、话语权，不断巩固马克思主义指导地位。（4）推动文化传承创新，建设具有中国特色、体现时代要求的大学文化，培育和弘扬大学精神，把高校建设成为精神文明建设示范区和辐射源，继承和发扬中华优秀传统文化，促进社会主义先进文化建设，增强国家文化软实力。（5）立足学生全面发展，努力构建全员全过程全方位育人格局，形成教书育人、实践育人、科研育人、管理育人、服务育人长效机制，增强学生社会责任感、创新精神和实践能力，全面落实立德树人根本任务，努力办好人民满意教育。

《意见》指出，要切实推动中国特色社会主义理论体系进教材进课堂进头脑。强调要统一使用马克思主义理论研究和建设工程重点教材，把统一使用工程重点教材纳入相关专业人才培养方案和教学计划，把工程重点教材作为国家级重点规划教材，把工程重点教材使用情况作为教学评估的重要内容。要建设学生真心喜爱、终身受益的高校思想政治理论课，实施高校思想政治理论课建设体系创新计划，全面深化课程建设综合改革，编好教材，建好队伍，抓好教学，切实办好思想政治理论课。高校要制定思想政治理论课建设规划，在学校发展规划、经费投入、公共资源使用中优先保障思想政治理论课建设，在人才培养、科研立项、评优表彰、岗位聘用（职务评聘）等方面充分重视思想政治理论课教师，确保思想政治理论课在高校教学体系中的重点建设地位。要着力增强大学生思想政治教育针对性实效性，启动大学生思想政治教育质量提升工程，深入开展中国特色社会主义和中国梦教育，加强党史国史和形势任务政策教育，把社会主义核心价值观融入高等教育全过程，完善中华优秀传统文化教育，高度重视民族团结教育，积极开展马克思主义民族观宗教观、党的民族宗教政策和相关法律法规的宣传教育，广泛开展各类社会实践和公益活动，加强高校心理健康教育与咨询示范中心建设，做好就业指导和家庭经济困难学生资助工作。要充分发挥高校哲学社会科学育人功能，深化哲学社会科学教育教学改革，充分挖掘哲学社会科学课程的思想政治教育资源，建立健全符合国情的哲学社会科学人才培养质量标准体系，制定实施马克思主义理论、新闻传播学、法学、经济学、政治学、社会学、民族学、哲学、历史学等相关专业类教学质量国家标准，启动实施卓越马克思主义理论人才培养计划，深入实施卓越新闻传播人才、法律人才培养计划。要提升马克思主义理论学科的引领作用，实施马克思主义理论学科领航计划，改革马克思主义理论学科评价方式，重点建好一批马克思主义理论研究和建设创新基地，编写一批马克思主义理论学科研究生核心教材，培养一批马克思主义理论学科带头人，造就一批马克思主义理论教育家，重点建设一批有示范影响的马克思主义学院。

《意见》指出，要大力提高高校教师队伍思想政治素质。强调要着力加强教师思想政治工作，坚持不懈用中国特色社会主义理论体系武装教师头脑，进一步健全教师政治理论学习制度，实行学术安全培训制度，深入推进哲学社会科学教学科研骨干和思想政治理论课骨干教师研修工作，建立中青年教师社会实践和校外挂职制度，重视在优秀青年教师中发展党员。要扎实推进师德建设，落实高校教师职业道德规范，完善师德建设长效机制，实行师德一票否决制，完善加强高校学风建设办法，健全学术不端行为监督查处机制。要严把教师聘用考核政治关，探索教师定期注册制度。

《意见》指出，要不断壮大高校主流思想舆论。强调要扎实推进高校思想理论建设，推进高校哲学社会科学创新体系建设，积极参与马克思主义理论研究和建设工程，加强中国特色社会主义理论体系研究中心等重点基地建设，建设和创办一批权威的马克思主义理论研究学术期刊，深入实施"青年马克思主义者培养工程"，在青年教师和学生中培养一大批政治骨干，造就一支政治坚定、学养深厚、有重要影响的思想理论建设队伍。要提升研究回答重大问题的能力，实施中国特色新型高校智库建设推进计划，定期开展师生思想政治状况调研，建立健全高校哲学社会科学研究分类评价体系，完善以质量和贡献为导向的评价机制。要加强哲学社会科学学术话语体系建设，组织开展高校名师大讲堂、理论名家社会行等活动，推动高校哲学社会科学"走出去"，支持中外学者围绕中国发展和全球性重大问题开展合作研究。要切实做好高校新闻宣传工作，完善新闻信息发布和新闻发言人制度，进一步改进高校新闻宣传的文风作风，建立高校、宣传部门、新闻媒体三方联动宣传机制，为高校改革发展营造良好舆论氛围。要创新网络思想政治教育，开展高校校园网络文化建设专项试点工作，大力推进校报校刊数字化建设，探索建立优秀网络文章在科研成果统计、职务职称评聘方面的认定机制，着力培育一批导向正确、影响力广的网络名师，立足校园网站建设开办一批贴近师生学习生活的网络名站名栏，建设一支由学生和青年教师骨干组成的网络宣传员队伍，打造示范性思想理论教育资源网站、学生主题教育网站和网络互动社区，推进辅导员博客、思想政治理论课教师博客、校务微博、校园微信公众账号等网络新媒体建设。

《意见》指出，要着力加强高校宣传思想阵地管理。强调要加强校园网络安全管理，加强高校校园网站联盟建设，加强高校网络信息管理系统建设。要强化高校课堂教学纪律，制定加强高校课堂教学管理办法，健全课堂教学管理体系。要完善宣传思想阵地管理制度，加强高校哲学社会科学成果发布管理，建立高校出版质量监督检查体系，制定大学生社团的成立和年度检查制度，加强宗教学学科专业教学科研机构管理，加强校园反邪教宣传教育工作。

《意见》最后强调，要切实加强党对高校宣传思想工作的领导。要完善高校宣传思想工作机制，高校党委要强化政治责任和领导责任，党委书记、校长要旗帜鲜明地站在意识形态工作第一线，充分发挥高校党委的领导核心作用，坚持和完善党委领导下的校长负责制，建立健全高校党委统一领导、党政工团齐抓共管、党委宣传部门牵头协调、有关部门和院（系）

共同参与的工作机制，充分发挥院（系）党组织保证监督作
用，加强高校共青团建设，加快推进高校章程制定和核准工
作。要配齐建强高校宣传思想工作队伍，统筹推进高校党政干
部和共青团干部、思想政治理论课教师和哲学社会科学课教
师、辅导员班主任和心理咨询教师等宣传思想工作骨干队伍建
设，组织全国教育系统先进集体和先进个人评选表彰，坚持高
标准选配高校宣传思想工作干部，高校党委宣传部长由学校党
委常委兼任，加强高校宣传思想工作人才培养。要构建高校宣
传思想工作大格局，各级党委和政府要从战略和全局的高度，
充分认识加强和改进高校宣传思想工作的极端重要性和现实紧
迫性，把这项工作始终摆在重要位置，切实加强领导。

共青团中央　教育部关于印发
《高校共青团改革实施方案》的通知

中青联发〔2016〕18 号

各省、自治区、直辖市团委、教育厅（教委），新疆生产建设兵团团委、教育局，有关部门（单位）教育司（局），教育部直属各高等学校：

为深入贯彻习近平总书记系列重要讲话精神，贯彻《中共中央关于加强和改进党的群团工作的意见》和中央党的群团工作会议精神，贯彻落实中央办公厅印发的《共青团中央改革方案》，共青团中央、教育部研究制定了《高校共青团改革实施方案》，现印发给你们，请结合工作实际，扎实推进高校共青团改革。

共青团中央　教育部
2016 年 11 月 14 日

高校共青团改革实施方案

为深入贯彻落实习近平总书记系列重要讲话和《中共中央关于加强和改进党的群团工作的意见》、中央党的群团工作会议精神，贯彻落实《共青团中央改革方案》，切实加强和改进高校共青团各项工作和建设，推进高校共青团改革创新，特制定本方案。

一、总体要求

（一）指导思想

深入贯彻党的十八大和十八届三中、四中、五中、六中全会精神，深入学习贯彻习近平总书记系列重要讲话特别是关于青少年和共青团工作的重要指示精神，立足保持和增强政治性、先进性、群众性，着力解决脱离青年学生的突出问题，依照共青团"凝聚青年、服务大局、当好桥梁、从严治团"的工作格局，积极适应共青团深化改革新形势、高等教育综合改革新发展和青年学生新特点，始终把握思想政治引领这一核心任务，坚持立德树人，坚持服务学生成长成才，坚持以体制机制改革激发活力，着力推进组织创新和工作创新，团结带领广大青年学生按照党的要求努力成长为中国特色社会主义事业的合格建设者和可靠接班人，为协调推进"五位一体"总体布局和"四个全面"战略布局、实现"两个一百年"奋斗目标作贡献。

（二）基本原则

牢牢把准政治方向。紧紧依靠党的领导，自觉将党的理论和路线方针政策贯彻落实到高校共青团改革各方面、全过程，坚定不移走中国特色社会主义群团发展道路，坚持中国特色社会主义青年运动方向，引领广大青年学生坚定跟党走。

尊重学生主体地位。深化以青年学生为中心的改革，把准青年学生脉搏，了解青年学生心声，坚持服务青年学生的工作生命线，让青年学生当团学工作和活动的主角，问需问策问效于青年学生，使高校共青团深深植根于青年学生。

突出重点聚焦问题。紧紧围绕提升高校共青团的吸引力凝聚力和扩大工作有效覆盖面，抓住脱离青年学生这一本质问题，着眼根本，立足长远，着力破解制约高校共青团发展的思维定式、重点难点和体制机制问题。

统筹推进上下联动。着眼于"自上而下"与"自下而上"相结合，既坚持全面统筹，做好顶层设计和推动，又发挥基层首创精神，鼓励基层先行先试、大胆探索，形成上下联动、合力推进改革的生动局面。

（三）主要目标

紧紧围绕保持和增强政治性、先进性、群众性这一基本要求，突出基础制度创新和组织活力提升，建设更加充满活力、更加坚强有力的高校共青团，巩固提升在全团的基础性、战略性、源头性地位和作用，直接联系服务引领青年学生取得重要成效，工作有效覆盖面不断扩大，组织吸引力凝聚力不断增强，服务高等教育发展和学生成长成才的能力水平不断提高，广大青年学生听党话、跟党走的信念更加坚定。

二、改革措施

（一）改革优化领导体制和运行机制

1. 改革完善领导机构设置。加强团教协作，在全国和省级层面，由共青团组织和教育部门共同成立高校共青团工作指导委员会，建立健全联席会议制度，加强工作统筹指导和督导。团中央学校部实行"职能处室＋专业中心＋分类组织"的工作机构设置模式；将"中等职业学校处"调整为"职业院校处"，加强高职院校与中职学校共青团工作统筹。充分发挥全国学校共青团研究中心、新媒体运营中心等专业化协同工作平台的作用。建立健全分类型、分区域的高校共青团工作交流组织机制。支持和鼓励高校团委按照思想引领、素质拓展、权益服务、组织提升等主要任务，根据工作实际合理设置和调整工作机构。

2. 推行直接联系服务引领青年师生制度。落实全团"大宣传大调研""常态化下沉基层""向基层服务对象报到""团干部直接联系青年"等工作要求。实行"驻校蹲班"直接联系基层团支部制度，团中央、省级团委、地市级团委中负责高校共青团的专职干部结合自身工作，每年集中不少于 15 个工作日到高校"驻校蹲班",高校校级团委专职干部每人每年直接联系1个以上基层团支部。建立健全高校共青团工作活动开展"众创众筹众评"制度,通过项目化的征集招标、申办领办等方式,通过实行青年师生评议工作制度,使青年师生更多地参与到共青团工作的设计、决策、实施、评议全过程。定期以多种形式召开面向高校青年师生的恳谈会、通报会等。

3. 构建项目化、扁平化、制度化的工作机制。对重点工作实施项目化管理,促进"挑战杯""创青春""三下乡""三走""四进四信""与信仰对话"等项目的运行规范和内涵提升,着力打造若干面向青年学生的团学工作品牌。努力实现高校共青团各级组织间工作审批、指令发布、信息交流的科学层级化和有效扁平化,大幅精简会议、文件、简报,注重运用新媒体手段指导和推动工作。加强高校共青团的制度和规范建设,促进工作有制可循、有序开展。明确高校共青团不同层级组织的核心任务,注重工作部署的统筹安排。综合运用党政评价、师生评议、互学互评、第三方测评等方式,建立健全高校共青团上级组织对下级组织的评价考核制度。注重对基层的直接支持指导,努力为基层团组织配置和争取资源,加强工作标准化和知识化管理,建立团学工作资料库和"慕课"资源库。

（二）改革健全基层组织制度

4. 构建党领导下的"一心双环"团学组织格局。在高校党委领导下,构建"一心双环"组织格局,以团委为核心和枢纽，以学生会组织为学生自我服务、自我管理、自我教育、自我监督的主体组织，以学生社团及相关学生组织为外围延伸手臂。改进团组织对学生会组织的指导，推动学生会组织深化改革，依法依章程独立自主开展工作；高校的各级学生会组织，由同级团委归口指导。高校团委履行对学生社团的主要管理职能，支持引导学生社团规范发展；学生会组织配合团组织加强对学生社团的引导、服务和联系，校级学生会组织须明确1名主席团成员负责学生社团工作。校级团委应设立专门机构，指导和管理学生社团工作；已成立校级学生社团联合会的，其主要负责人须由校级学生会组织负责学生社团工作的学生兼任。

5. 落实和完善团的代表大会制度。严格执行校级和院系团的代表大会定期召开制度，坚决杜绝不按时召开的现象；增强代表性，提高基层团支部、非团学干部的团员学生和青年教职工的代表比例，2018 年之前实现比例不低于 70% 的目标；畅通代表参与渠道，推行代表常任制、提案制和大会发言制度，建立校级和院系团组织定期向团的常任代表报告工作和听取意见建议的制度。坚持团内民主，推行和落实基层团支部直接选举，鼓励有条件的校级和院系团组织在经党组织同意的提名人选中差额选举产生委员会成员和书记、副书记。

6. 巩固和创新基层团组织建设。制定实施高校共青团基层组织工作制度文件。深入实施高校基层团支部"活力提升"工程。发挥校级团委主体作用；强化院系团组织建设，明确书记专设，健全内设机构；强化研究生团组织建设，加强组织覆盖和工作覆盖；巩固班级团支部建设，推进社团建团，探索宿舍建团、实验室建团、网络建团等，构建"多种模式、多重覆盖"的团建创新机制；推行班级团支部与班委会一体化运行机制，探索实行班长兼任团支部副书记或团支部书记兼任班长的制度。针对高校内的青年教师和青年职工等群体，各高校校级团委须专门成立相应团组织，积极建立交流沟通平台和机制，加强联系服务引导；注重促进青年教师密切联系学生，教学相长、共同提高。以团干部选配和团的工作规范化为重点，加强民办高校和独立学院团的建设。

（三）改革创新工作方式方法

7. 构建分层分类一体化思想引领工作体系。着眼思想政治引领和价值引领，以学习宣传贯彻习近平总书记系列重要讲话精神、中国特色社会主义和中国梦宣传教育、培育和践行社会主义核心价值观为主要内容，遵循青年学生成长和思想教育引导的客观规律，改革创新思想引领工作面向不同类型学校、不同阶段学生、不同精神需求的目标、内容和方法，构建分层分类一体化工作体系。广泛开展高校共青团"四进四信"活动，深化实施"青年马克思主义者培养工程"，改进创新面向广大青年学生的思想引领工作方式。

8. 实施高校共青团"第二课堂成绩单"制度。围绕高校育人的中心任务，在引导青年学生坚持学业为主的同时，针对学习就业创业、创新创造实践、身体心理情感、志愿公益和社会参与等普遍需求，借鉴"第一课堂"的做法，加强与学校相关部门、政府有关职能部门以及社会机构合作，普遍推行高校共青团"第二课堂成绩单"制度，推动工作的规范化、课程化、制度化。从工作内容、项目供给、评价机制等方面进行系统设计和整合拓展，客观记录、认证学生参与"第二课堂"活动的经历和成果，促进高校共青团"第二课堂成绩单"成为学校人才培养评估、学生综合素质评价、社会单位选人用人的重要依据。

9. 健全针对困难学生的多样化、常态化帮扶机制。加大高校共青团对经济困难、学业困难、心理问题、人际沟通困难、上进心不足及毕业未就业等学生群体的帮扶力度，积极动员和整合校内、社会等方面资源，推进实施"学生导师计划"、"心理阳光工程"、"千校万岗"高校毕业生就业精准帮扶行动、节假日送温暖等工作，帮助他们适应大学生活，顺利完成学业，积极融入社会。

10. 完善学生权益维护工作机制。以促进教育公平和维护学生合法权益为出发点，关注校园弱势群体，关注普遍性利益诉求，完善维护高校学生权益的组织化渠道和机制。探索在学校、院系、班级等团组织中设立权益部长（委员）。推动高校共青团与当地12355青少年服务台对接，依托服务台联系的公益律师、心理咨询师等专业力量，为学生提供法律、心理服务和权益个案帮扶。

11. 推进"网上共青团"建设。加快高校共青团互联网战略转型，形成线上线下深度融合的工作战略理念和整体格局。以"青年之声"平台建设为依托，按照"加强平台体系建设、加强功能内容建设、加强服务能力建设、推动与重点工作整合、推动强化工作保障"的思路，通过线上线下联动，将"青年之声"平台建设成反映学生呼声、回应学生诉求、维护学生权益、服务学生成长的统一品牌和重要窗口。结合全团"智慧团建"系统实施，实现基础团务、团员管理和团的信息统计网络化。提升新媒体运用能力和水平，打造微信、微博、QQ、贴吧、网站等新媒体阵地集群；统筹建好网络工作队伍，建立健全管理、培训和激励机制；加强网络文化内容供给，研发和推广优秀内容产品。发挥全国学校共青团新媒体运营中心的统筹协调作用，推动省级团委、高校团委成立相应组织，整合各方资源，加强工作联动。

（四）改革完善团干部选用培养制度

12. 改革团干部配备考核管理制度。打造专职、挂职、兼职相结合的高校共青团干部队伍。在高校校级及院系级团组织，普遍建立从青年教师中选任至少 1 名兼职或挂职副书记、从学生中选任至少 2 名兼职副书记的制度；校级、院系级团委班子成员中，挂职和兼职副书记的比例不低于 50%；注重从学生中选拔建立校级和院系级团组织的兼职干部队伍。挂职、兼职干部不占编制，不完全对应行政级别；挂职干部只转组织关系、不转行政关系，兼职干部根据工作需要予以灵活掌握。从严选拔、从严管理高校共青团干部，根据专职、挂职、兼职干部承担的不同工作任务采取有针对性的考核办法，加强对考评结果的运用。

13. 完善团干部培养培训使用制度。加强作风建设，持续深入开展团干部健康成长教育，按照"三严三实"的要求，教育引导高校共青团干部筑牢理想根基、强化宗旨意识、践行群众路线、勇于开拓创新。建立完善全国、省、高校分级培训体系，建设以理想信念、党性作风、团的业务能力、新知识新观点新技能等为重点的核心课程和线上资源共享平台；团中央举办针对重点高校团委负责人的示范培训，省级团委培训本地区校级团委负责人，高校团委培训本校院系及基层团干部，力争每4年轮训一遍高校共青团专职干部。健全既有的高校共青团工作理论研究课题发布和成果遴选机制，同时探索与有关部委、科研机构等方面合作，为高校团干部职称晋升、职业发展、教学科研成果评定等搭建平台、提供支撑。坚持严格要求和关心培养相结合，在学校党委的领导下，结合团干部绩效评价、能力特长等，逐步完善高校团干部校内转岗和校外流动的制度安排。建立健全对学生骨干的选拔考核、培养使用、淘汰退出等机制，努力打造信念坚定、品学兼优、朝气蓬勃、心系同学的学生骨干队伍。

（五）改革强化保障支持

14. 优化加强党建带团建机制。推动在各级党政召开的教育工作、高校党建等会议中明确列入高校共青团工作的专题内容。将团的建设纳入高校党的建设总体格局，推行团建与党建同规划、同部署；将共青团工作作为检查考核高校（院系）党建工作的重要内容，占比不低于10%。高校党委须明确由一名副书记分管共青团工作，高校行政应有一名副校长联系共青团工作。高校党委每年至少召开 1 次专题会议研究团的工作。高校团委书记为党员的，作为高校党委委员候选人提名人选。完善高校团组织"受同级党组织领导、同时受团的上级组织领导"的双重领导体制。同级党组织确定高校校级和院系团组织主要负责人任免等事项，应事先向团的上级组织征求意见。将"推荐优秀团员作入党积极分子人选"作为高校基层团组织的重要工作职责，将推优纳入学校党员发展工作规划。

15. 优化资源条件保障机制。支持团组织按照团章独立自主地开展工作，高校校级团委须单独设置，已经合并或归属其他部门的必须予以纠正，并合理界定区别于其他部门的工作职能。高校团委的领导职数、专职干部编制数，根据学校规模和工作需求确定，按照加强基层工作力量的精神，参照《关于进一步加强和改进高等学校共青团建设的意见》（中青联发〔2005〕15 号）执行；校级团委书记按学校处级正职干部配备和管理；校级团委各部部长、院系团组织书记为专职干部的，按学校科级正职干部配备和管理。高校按在校生人均每年不低于 20 元的标准划拨校级团委日常工作经费，并在活动场所、设备、时间等方面对团的工作予以保障。

三、组织实施

本方案由共青团中央与教育部联合制定下发，方案落实执行情况将纳入各级团组织和教育行政部门的考核内容。团中央学校部加强宣传引导，选择部分省级和高校团组织进行重点项目改革试点，及时总结、推广具有普遍性和借鉴意义的经验做法，指导督促各地各学校结合实际制定细化措施，稳妥有序推进改革。

后　记

　　中山大学按照新时代要求深化学生社团改革发展工作，坚持党的全面领导，落实立德树人根本任务，以培养德智体美劳全面发展的社会主义建设者和接班人为引领，营造"学在中大、追求卓越"优良校风学风，形成了"学校—院系—指导教师—学生"四方联动、协同育人的良好局面，在服务学生成长成才方面效果显著。本书即是中山大学学生社团改革发展的理论和实践成果。

　　本书是团队合作的成果，编委会成员具有不同的学科背景。全书各部分分工如下：上编"理论探索"收录钟一彪、周昀、李燕的工作论文；下编"工作实务"中，思想类学生社团案例由周昀、郑嘉茵负责整理，学术类学生社团案例由陈彪、曲翔、雷世菁负责整理，体育类学生社团案例由仇亚宾、潘小滴负责整理，文化类学生社团案例由周昀、李燕负责整理，志愿类学生社团案例由周昀、何金鹏负责整理；附录由郑嘉茵、周昀负责整理。周昀负责全书的统稿工作。

　　感谢帮助、支持和提点我们的各位师友！感谢中山大学出版社赵婷老师为本书出版所做的工作！囿于能力和学识，书中还存有不尽如人意之处，敬请专家和同行批评指正。

编　者

2020 年 12 月于广州中山大学